한사람 생활사

고병문
농사 일기

이혜영

한사람
생활사

고병문

1964년 5월 ~ 1965년 4월

농사

글. 이혜영

일기

한그루

차례

여는 글

1964년

1965년

부록

농경사회의 마지막 일기   06

5월   보리 익어가는 봄   16
6월   보리가 쌀이 되는 여정   46
7월   하늘을 읽는 조 농사   76
8월   제주의 마음, 메밀   102
9월   촐 베는 날들   126
10월   조가 익고 술이 익는 계절   150
11월   보리 갈 때가 되었구나   170
12월   숯 굽는 겨울   192

1월   겨울 일거리   214
2월   겨울에 세상을 등지고   230
3월   수눌어 김매고, 수눈값 갚아 김매고   246
4월   일어서는 봄   268

고병문 농사 일기 원본   284

농경사회의
마지막 일기

고병문의 일기를 만난 것은 4년 전이었다. 고병문 삼춘 내외는 마을에서 신망이 높은 어른들이다. 외지에서 들어와 마을일 거들고 하는 나를 따뜻이 보살펴 주셔서 댁에 놀러 다니기도 하며 살아온 이야기를 간간이 들어오던 사이였다. 2020년 1월 새해 인사를 드리려고 삼춘댁에 들렀다가 여느 날처럼 옛날 농사짓던 이야기를 여쭙던 중이었다. "그거 옛날 일기에 적어둔 게 이실(있을) 건디…." 하시는 거였다. 나는 깜짝 놀라서 일기를 가지고 있으시냐고 했더니, 병문이 삼춘은 먼지 쌓인 창고도 아니고 작은방 서랍에서 무심히 꺼내오셨다. 그렇게 이 일기를 만나게 되었다.

"대단한 이야기도 아니고, 다 이렇게 산 건디, 무사(왜) 이런 얘기를 듣젠(들으려) 하느냐."고 멋쩍어 하시는 고병문 삼춘을 선생님으로 모시고 2020년 2월부터 1964~65년의 일기 공부가 시작되었다. 2월이면 제주도 시골은 귤농사 준비로 바빠지는 때다. 귤나무 가지치기, 밭담 정비, 약 치기, 비료 뿌리기 등등으로 한 해 농사가 시작된다.

주말에는 시내에 사는 아들이 와서 같이 하지만 대부분 80대 노인 내외가 해나가고 있었다. 그래서 우리의 수업시간은 일 못 하고 집에서 쉬는 '비 오는 날'이 되었다. 나는 '비가 언제 오나….' 일기예보를 보며 수업시간을 기다렸다.

보통 하루에 서너 시간씩 공부했는데, 네 시간이 넘어가면 삼춘은 생생한데 내가 지쳐서 더 할 수가 없었다. 내가 이해를 잘 못하면 병문이 삼춘은 그림을 그려가며 열정적으로 설명해주셨다. 할머니가 계신 날에는 옆에서 슬쩍슬쩍 추가 해설을 넣어주셨는데, 여자가 더 잘 아는 분야가 나오면, "아니, 그게 아니주." 하면서 할아버지를 제치고 설명해 주시기도 했다. 일대일 과외도 이런 과외가 없는데, 선생님이 두 분이라 아주 고급 과외를 받는 셈이었다.

두 선생님과 일종의 야외 학습으로 일기에 나오는 대로 '탈 타레 (산딸기 따러)'도 다니고, 남의 보리밭에 콤바인이 다 걷어가지 못한 보리도 베어보는 사이 봄이 가고, 6월 장마를 지나서야 일기 공부가 끝났다. 5개월간의 다시 없을 수업이었다.

고병문의 농사일기는 1964년 5월부터 1965년 12월까지 당시 농림부에서 실시한 '농가경제조사'의 일환으로 기록된 것이다. 1953년 농림부와 한국은행이 합동으로 실시한 '농촌실태조사'가 우리나라 최초의 농가조사였는데, 1954년부터는 농림부가 '농촌실태조사'를 '농가경제조사'와 '농산물생산비조사'로 분리하여 실시하기 시작했다. 1961년부터는 전국 농가 중 80개 조사구 1,182개 농가를 임의 표본으로 추출하여 조사하기 시작했고, 1964년에는 제주도 북제주 군(현 제주시)에서 선흘리 36가구가 조사 가구로 지정되었다. 농림부 서기관이 파견되어 선흘에 살면서 가구별 기록을 확인하고 수집했 다고 한다. 농가경제조사를 위해 일기에 들어가야 할 주요 항목이 제시되었기 때문에 노동 인원, 노동 시간, 노동 내용, 곡물이나 물건 의 교환 금액, 토지의 크기 등이 밝혀진 중요한 기록물이 될 수 있 었다.

　일기가 쓰인 1964년도는 사회적·역사적으로 중요한 시기였는데, 1961년 5·16군사정변으로 정권을 잡은 박정희가 1963년 10월 15일 선거를 통해 제5대 대통령으로 당선된 이후 처음 맞이한 해였다. 그 에 앞서 1962년 6월 갑작스럽게 단행한 화폐개혁으로 화폐단위가 '환'에서 '원'으로 바뀌게 되고 100환은 1원의 가치로 조정되었다. 또 한 그해 10월에 발표한 '제1차 경제개발 5개년 계획'으로 한국사회 는 대대적인 개발시대의 문 앞으로 향해가고 있었다. 일기에는 이러 한 변동기의 경제지표가 될 물가와 마을마다 벌어지던 도로 포장사 업, 제주도 축산업 변동의 단면 등이 계속해서 등장한다. 이런 시기 에 쓰인 고병문의 일기는 농업기록물일 뿐만 아니라 당시 사회 변동 을 세밀히 관찰할 수 있는 사회경제적 기록물이기도 하다.

　일기를 해설하며 전통농업사회에서 산업사회로 이행되는 시기에 한 성실한 농부가 기록한 일기를 통해 제주도 전통농업의 모습을 복원하고, 일기에 드러난 당시의 사회·경제적 변동을 포착해 그 배경을 해설하려고 노력했다.

불과 60년 전의 일기지만, 우리 사회는 그 이후로 급격한 변화를 맞이한 탓에 이제는 거의 흔적이 사라진 삶의 모습이 담겨 있다. 마지막 농경사회의 모습인 것이다. 1964년은 백 년 전, 천 년 전과도 닿아 있을 것이다. 인류가 정착생활을 시작한 이후로 농사는 계속되어왔으니까 말이다. 그래서 이 일기의 나날들은 2024년보다 천 년 전과 더 가까울지 모른다.

인류가 한 번도 경험해보지 못한 무서운 속도로 발전을 거듭하며, 그만큼의 속도로 과거와 단절되는 것 같아 겁이 날 때가 있다. 수천 년 쌓아온 농경사회의 지식을 부지런히 기록하고 저장해야 한다고 생각한다. AI시대에 살고 있는 우리의 심성과 습관과 언어의 뿌리는 거기 연결되어 있기 때문이다. 그 삶을 살았던 어르신들은 거의 돌아가시고 이제 얼마 남아 계시지 않는다. 시간이 별로 없다.

소중한 실증 자료를, 이 자료를 만든 이가 건강하고 기억이 생생할 때에 만나 공부할 기회를 얻은 것은 놀라운 행운이었다. 농가경제조사를 위한 일기가 전국 곳곳에서 기록되었지만 보통 작성한 일기를 농림부에 제출해 남아있지 않는 경우가 많을 텐데 고병문 삼춘은 먼저 이 일기를 쓰고, 달마다 깨끗하게 베껴 써서 정서본을 제출했다고 한다. 그리고 새마을운동과 88서울올림픽을 계기로 주택이

개량되고 낡은 것을 내다버리는 것이 당연시되던 시기를 지나오면서도 삼춘은 일기를 소중히 간수해 왔다.

이렇게 만난 자료지만 제주도에서 나고 자라지 않은 내가 귀담아듣고 자료를 찾아 공부하는 것만으로 60년 전의 일을 다 이해할 수는 없었다. 그럴 때면 40여 년 생활사를 연구해 오신 고광민 선생님께서 도와주시고 격려해 주셨다. 고병문 삼춘 내외, 고광민 선생님, 조수용 삼춘을 비롯한 선흘마을 어르신들의 가르침으로 하나하나 배우며 겨우 이 책을 마무리하게 되었다. 그리고 읽을 사람이 몇이나 될까 싶은 글을 반갑게 받아주고 정성 들여 편집해 주신 한그루 출판사의 마음이 더해져 '한사람 생활사'의 걸음을 한 발 더 내딛게 되었다. 가난한 백성들의 이야기를 가난한 백성들이 힘을 합쳐 엮은 셈이다. 어려운 시절을 힘껏 견디며 헤쳐왔고 헤쳐갈 수많은 평범한 사람들을 기리며 책을 내놓는다.

2024년 봄

이혜영

　　1941년생인 고병문은 1964년 당시 24세였다. 어머니와 세 동생과 힘껏 농사를 지으며 살아가고 있다. 일기에는 어머니가 '본인'으로 표현되어 있지만, 실제로 일기를 쓴 사람은 고병문이다.

　　일기 내용상 필요한 설명은 각주에 붙이고, 일기의 배경이 되는 제주도 상황과 맥락은 달마다 해설로 붙였다. 일기는 1964년 5월부터 1965년 12월까지 1년 8개월 동안 기록되었지만 1964년 5월부터 1965년 4월까지 1년 동안의 일기만 싣고 해설했다.

　　제주도 안에서도 지역에 따라 농법과 그 시기, 어휘 등에 차이가 적지 않기 때문에 책의 내용은 제주도 동북부 중산간 지역의 이야기로 이해하는 것이 좋겠다.

　　맞춤법이 틀리거나 일관되지 않더라도 지금 기준으로 고치지 않고 원문 그대로 옮기고, 각주에 바로잡아 설명했다. 다만 한자로 쓰인 원문에는 독음을 붙였다.

家口員表. (合 6명)

1965. 6. 1.

번호	가족관계	성별	연령	노동력	타가(1년동안의마을의동일내의)(4)(농사자)(일시임금노)(분류)	무 노 력	교육정도	비 고
1	本人 女	女	44	20%	O		국해	
2	長男 男	男	21	100%	O		국졸	
3	長女 女	女	18	70%	O		〃	
4	式男 男	男	14			O	국재	
5	式女 女	女	8			O	국재	
6	三男 男	男	5			O		

농가경제조사

일 계 부

경제 규모 4 계층.

조사구의 농가번호 902 ──── 11호

조사농가 주소 제주도 북제주면 조천면 선흘리 선흘리 1,195번지

12

1964년 5월 1일 ~ 1965년 12월 31일

농가경제조사 일계부

家口員表 가구원표 (食식 6口구)

1965. 1. 1.

가구주와의 관계*	性別 성별	연령	노동 능력	자가영농 종사자		다른직업 종사자		무직자	교육 정도	비고
				상시 종사자	임시 종사자	임시 노동자	봉급 근무자			
1	本人본인	女	44	70%	○					국해**	
2	長男장남	男	24	100%	○					국졸	
3	長女장녀	女	19	70%	○					국졸	
4	貳男차남	男	14						○	중재	
5	貳女차녀	女	9						○	국재	
6	三男삼남	男	5						○		

농가경제조사　　일계부

경지규모 4계층

조사구 및 농가번호 902-11호

조사농가 주소: 제주도 북제주군 조천면 선흘리 1195번지

---

* 　본인은 고병문의 어머니 강을길, 장남은 고병문, 장녀는 고병문의 여동생 고영래, 이남은 고운문, 이녀는 고영순, 삼남은 고희문이다. 이 집의 노동력은 본인, 장남, 장녀 세 사람이다.

** 　학교를 다니지는 못했지만 글자를 이해할 수 있다는 뜻으로 국해(國解)라고 썼다.

13

1964년 ~ 1965년 농가 경제조사시엽

5월 보리 익어가는 봄

6월 보리가 쌀이 되는 여정

7월 하늘을 읽는 조 농사

8월 제주의 마음, 메밀

9월 촐 베는 날들

10월 조가 익고 술이 익는 계절

11월 보리 갈 때가 되었구나

12월 숯 굽는 겨울

1964년

보리
익어가는 봄

제주의 봄이 깊었다.
바다는 옥빛으로 점점 투명해지고,
풀잎은 어린 티를 벗고
초록으로 물들어 간다.
따뜻한 물을 타고
올라오는 멸치떼를 기다려
그물을 던지는 '보제기'(어부)와
겨울 찬물에 무럭무럭 자란
'메역'(미역)과 '톨'(톳)을 '비러'(베러) 나서는
'좀수'(해녀)의 손길이 바쁘다.
들판과 오름은
봄볕을 쬐며 풀을 뜯는 소들의 차지가 되고,
유채꽃 진 자리에 유채씨가 여물고,
청보리 누릿누릿 물들어 봄바람에 물결친다.
중산간의 봄은 수확과 파종으로 부산한 때지만
보리를 거둘 5월 말까지는
때마다 끼니를 마련하기가 힘들었다.

1964년

5월

5/1 금요일 |흐림|

長女장녀 五日場오일장에 갔다옴

고사리[01] 9근, 1근 30원, 고사리 판 돈이 270원

海魚해어[02] 4개 - 50원, 미역 1개 - 40원

초[03] 2개 - 14원, 借用金차용금

계돈[04] 90원 장녀, 계란 6개 - 48원

5/2 토요일 |맑음|

5/3 일요일 |흐림|

5/4 월요일 |흐림|

5/5 화요일 |흐림|

本人본인, 長女장녀 연료하기[05] 7시간

長男장남 거름내기[06] 8시간

5/6 수요일 |맑음|

고사리 40근, 근당 26원, 계금 1,040원

長男 남방샤스 100원

海魚해어 10원

3남 샤스 1개 40원

01　4월에는 온 식구가 고사리 꺾기에 나섰다. 농사일이 바빠지기 시작하는 5월에도 틈나는 대로 고사리를 하러 다녔다. 고사리를 장에 내다 팔아 필요한 곡식과 생필품을 마련했다. 고사리는 보릿고개를 넘어가는 데 큰 힘이 되었다.

02　바닷고기, 즉 생선이다.

03　제사용으로 쓸 양초다.

04　장녀 고영래는 돈을 모을 요량으로 친구들과 계를 만들어 곗돈을 부었다.

05　틈나는 대로 잡풀을 베어 묶어 둥그렇게 '눌'(가리)을 쌓아 말려 두고, '정지'(부엌) '솥덕'(가마솥 화덕)에 불을 땔 때는 연료로 썼다.

06　쇠막에서 소똥을 긁어내 마당 한켠에 쌓아놓고 묵혀서 거름으로 썼다. 고병문의 집에서는 소를 3~4마리 길렀다.

비누 4개 20원

좁쌀 1두(말) 75원

등잔갓[07] 1개 30원

수건 2개 35원

낭닝구[08] 1개 50원

長男 살래[09] 고치기 8시간

5/7 목요일 |맑음|

本人 맥작[10], 김매기

長男 수박넣기[11] 7시간

長女 길닦기[12] 8시간

등잔은 일종의 거치대인 등잔대에 올려놓았다. 높이는 30~40㎝ 정도가 보통이었다. 등잔에 기름을 담고 심지를 걸쳐 불을 밝혔다. ⓒ 고광민

살레 ⓒ 이혜영

07   1970년대 중반에야 중산간 마을까지 전깃불이 들어왔기 때
문에 당시 선흘에는 전기가 없었다. 집집마다 전통사회에서
부터 쓰던 다양한 조명도구로 밤을 밝혔는데, 접시에 참기름
이나 유채기름을 담고 심지를 걸쳐 불을 밝히는 '젭시불', '각
지'(등잔)에 기름(석유)과 심지를 넣어서 불을 밝히는 '각짓불'
또는 '각제기불'(등잔불), 일본말 그대로 '호야'로 많이 불렀던
'남폿불' 등이다. 등잔불은 등잔대에 등잔을 올려두는데 등잔
을 올리는 윗 나무를 '등잔갓'이라고 했다.

08   속옷 런닝을 말한다.

09   '살래'는 제주의 부엌가구로 일종의 찬장이다. 현재 제주어 표
기법으로는 '살레'다. 보통 3칸으로 되어있는데, 맨 위 칸에는
반찬을 놓고, 중간 칸과 아래 칸에는 그릇을 씻어 엎어두었다.

10   보리농사를 말한다. 지난해 11월에 뿌린 보리가 겨우내 자라
이제 수확을 목전에 두고 있다. 수확 전 마지막 제초작업이
며칠 계속된다.

11   300평 밭에 수박씨를 심었다. 귤 농사가 들어오는 1970년대
이전까지 선흘 사람들은 수박 농사를 많이 지어 선흘 수박이
유명했다고 한다. 수박은 습기가 있는 땅이어야 잘 되는데,
선흘에는 적당한 습기가 유지되는 땅이 많았다.

12   일기에 '길닦기'가 여러 번 등장하는데, 길닦이를 말한다. 길
닦이는 집집마다 한 사람씩 나가 마을 전체의 일로 할 때도

5/8 금요일 |맑음|

本人 김매기 6시간 맥류

長女 길닦기 8시간

長男 松송 갔다옴. 리발함. 30원[13]

5/9 토요일 |흐림|

本人 김매기 5시간

長女 빨래하기[14] 4시간

5/10 일요일 |비|

5/11 월요일 |맑음|

도배지, 방도배 - 70원

히마봉[15], 카텡 - 170원, 10자

비누, 빨래 - 10원

사카링 - 10원

빗 - 10원

고사리 8근 - 264원[16]

5/12 화요일 |맑음|

本人, 長男, 長女 산두전[17] 풀치기 9시간 작업

있고, 집 앞이나 밭으로 가는 길에서 그 길을 이용하는 집 몇 몇이 모여 할 때도 있었다. 이 당시에는 마을길을 정비하고 새 도로를 닦는 일이 전국적으로 벌어지고 있었다. 정부 시책으로 하는 일이라 약간의 보수가 주어졌는데, 길닦이 3일에 밀가루 20kg 한 포대를 받았다고 한다.

13 고병문이 송당(구좌읍 송당리)에 가서 이발을 하고 왔다.

14 선흘에서 제일 큰물인 '반못'에서 빨래를 했다. 현재의 '동백동산습지센터' 근처다. 반못은 큰 물통과 작은 물통 두 개가 있는데, 작은 물통의 물은 식수로 썼고, 큰 물통에서는 마소가 들어가 물을 먹고, 사람들은 목욕을 하고, 아이들은 수영을 하며 놀기도 하고, 여자들은 빨래를 했다.

15 커텐용 천 이름이라 한다.

16 고사리 8근을 팔아 위의 물건들을 샀다.

17 '산두전'은 밭벼밭이다. 밭벼를 '산두' 또는 '산듸'라고 한다. 산도(山稻)에서 나온 말이다. 밭벼 파종을 준비하기 위해 온 가족이 제초작업을 했다. 밭벼밭은 '테질'이라는 이름의 600평 밭이다. 당시 고병문 가족 소유의 밭은 '처남동산', '구시물', '테질', '동싱피' 네 개였다. '처남동산'은 지금의 선흘리로 들어오는 로터리 남쪽으로 '츠남' 즉 참나무가 많은 곳이었는데 1,000평 밭이었다. '구시물'은 700평 밭으로, 밭 안에 '구시'(구유: 소나 말의 먹이를 담아주는 길쭉한 그릇)처럼 생긴 물통이 있어서

23

5/13 수요일 |맑음|

돈 130원 리사무소로부터 구호곡으로[18]

김매기 산두전 本人, 長男, 長女 10시간

5/14 목요일 |맑음|

산두전 풀치기 3인 10시간

5/15 금요일 |맑음|

오늘은 나는 놀고, 어머니는 순을려[19] 가고,

장녀는 玉生家옥생가에 돌보아 줌.[20]

5/16 토요일 |맑음|

철리날[21]이라 모다 거기 봤다. 부주 80원.

5/17 일요일 |비|

오늘은 비가 와서 아무 데도 아니 가고 집에서 놀기만 했다.

5/18 월요일 |비|

5/19 화요일 |비|

5/20 수요일 |흐림|

붙은 이름이다. '테질'은 테우리들이 마소를 몰고 지나다니는 길이라 붙은 길 이름인데 그 길가에 있는 밭 이름이기도 하다. 지금의 '반못' 근처에 있었다. 말테(말떼) 소테(소떼)가 다니는 길이라 '테질'인데, 테질은 동쪽의 마을공동목장으로 향한다. '동싱피'는 동쪽의 '싱피'밭으로 '싱피'는 습기가 많은 화산회토 땅을 말한다. 700평 밭이다. 고병문 가족은 당시 곡식을 경작하는 밭을 3,000평 소유하고 있었다. 이외에도 촐밭(소의 꼴을 생산하는 밭), 새밭(초가 지붕을 일 띠를 생산하는 밭)이 있는데 이는 뒤에 등장한다.

18 보리 수확이 얼마남지 않은 막바지 보릿고개인 이때 정부에서 구호곡(救護穀: 어려움에 처한 사람을 돕기 위한 곡식) 명목으로 집집마다 130원을 주었던 모양이다.

19 고병문의 어머니가 이웃집에 '수눌러' 갔다. 제주에서는 이웃끼리 품앗이로 서로 노동을 교환하는 일을 '수눌음'이라고 하고, 이를 동사로 '수눌다'라고 한다.

20 옥생이네 집에 일을 도와주러 갔다. '옥생이'는 장녀의 친구 이름이고 옥생이네 집은 바로 옆집이었다. 이튿날 있을 '철리'를 위해 음식 장만을 도왔던 것으로 보인다.

21 묘를 이장(移葬)하는 일을 제주에서는 '철리'라고 한다. 옥생이네 묘 이장 날이라 모두들 들여다보고 부조를 했다. 이장은 땅을 파고 관을 꺼내 옮겨서 새 땅을 파 안장하고 봉분을 돋

맥잦기[22]

5/21 목요일 | 흐림 |
本人 풀치기[23]

長男 소보기[24]

멕 ⓒ 고광민

우는 일체의 일에, 제를 지내고 사람들을 먹이는 일까지 장례 못지않게 많은 일손이 필요한 큰 일이었다. 누구네 집에 '철리'가 있으면 온 마을이 거들어 일도 돕고 부조도 하며 같이 일을 치렀다.

22 '맥' 짜기. 제주어 표기법으로는 '멕'이다. '멕'은 제주식 멱서리다. 지역에 따라 '망탱이', '맹텡이'라고도 한다. 멱서리는 짚으로 날을 촘촘하게 결어서 만든 그릇이다. 제주에서는 밭볏짚으로 만들었는데, 몇 말들이부터 한 가마들이까지 다양한 크기로 만들어 썼다. 직사각형의 바닥에 속이 깊게 만들어 곡식을 저장하거나, 곡식을 담아 소 등에 얹거나 지게에 지어 나르기도 했다. 여러 해 쓰다가 낡아지면 거름을 나르는 거름맹텡이로 썼다. 비가 와서 바깥일을 못 하는 날에 남자들은 '멕'이나 멍석을 짰다.

23 고병문의 어머니가 밭벼밭의 잡초를 제거했다.

24 장남 고병문은 이날 '동고량'(대나무로 엮어 만든 도시락)에 점심을 싸들고 아침에 여러 집 소를 모아 몰고 나가 풀을 먹이며 소를 돌봤다. 몇몇 집이 어울려 순번제로 한 집씩 돌아가며 소를 돌보았는데 이를 '번쉐'라고 한다. 저녁에는 다시 집집마다 소를 거둬들여 '쉐막'(외양간)에서 재웠다. 봄에는 이렇게 나름으로 소를 돌보다가 7월부터는 '마장'(공동목장)에 놓아 길렀다. 선흘리의 공동목장은 '동백동산습지센터'에서 덕천으

長女 오일장[25]

400원

좁쌀 1斗(말) - 255원

쌀 2升(되) - 200원

팥 1升 - 95원에 팔고

세수비누 1개 - 20원

미역 - 25원

5/22 금요일 |흐림|

장녀 계돈 - 200百원 出[26]

맥잦기 本人 - 7시간

5/23 토요일 |흐림|(음력 4.12.)

장남 100원, 차비 18원, 극비 400원[27], 점심 40원

제주도 최초의 극장인 제주극장에 '어머니의 청춘'과 '홍콩의 왼손잡이'가 절찬 상영 중이다. 모두 1965년 개봉작이다. ⓒ 제주특별자치도, 공공누리

동문로터리에 지금도 건물이 남아있는 동양극장의 1982년 모습이다. 1965년 개관 당시 제주 바다와 산지포구를 모티브로 한 혁신적인 건축물로 주목을 받았다. ⓒ 제주특별자치도, 공공누리

로 가는 길 오른쪽으로 약 40만 평의 땅에 펼쳐져 있었다. 공
동목장에 소를 들이기 전에 목장 경계가 되는 '잣담'을 정비하
고, 목장을 여러 구역으로 나누는 '칸갈르기' 작업과 물통(식수
용 습지)을 정비하는 작업이 이루어져야 한다. 목장을 여러 '칸'
으로 갈라 돌아가며 소를 넣어야 쉬는 땅에서 풀이 자랄 수
있고, 소 관리도 편안했다.

25 장녀는 오일장에 현금 400원과 팥 1되를 지고 가 95원에 팔아
495원을 마련하고, 좁쌀 1말, 쌀 1되, 세숫비누, 미역을 샀다.

26 장녀의 곗돈으로 200원을 지출했다. 200百은 2百을 잘못 쓴
것이다.

27 장남 고병문은 친구들과 버스를 타고 제주 시내로 영화를 보
러 갔다. 당시 제주시에는 1950년대에 개관한 제주극장, 중앙
극장에 더해 1964년에 대한극장, 동양극장, 제일극장이 줄줄
이 문을 연 참이었다. 제주시의 오래된 중심지인 관덕정과 칠
성로, 동문시장 일대에 새로운 극장들이 문을 열자 원도심은
더욱 젊은이들의 활기가 넘쳐났을 것이다. 극비 400원은 40
원을 잘못 쓴 것으로 보인다.

보리비기 - 본인, 장녀 장만하기[28]

5/24 일요일 |흐림|

長男 육도 파종 10시간 作業작업, 種子종자 五카오승[29]

本人 長女 품앗이, 작업시간 10시간

5/25 월요일 |맑음|

육도 파종

보리 1斗, 쌀 1.5斗, 겨 2斗, 品 4合[30]

5/26 화요일 |맑음|

사료전에 담추리기, 장남, 7시간[31]

28 먹을 쌀이 모자라 본격적인 보리 수확 전에 조금만 베어 타작했다.

29 '육도'는 밭벼다. 지난 일주일 동안 잡풀을 베어 정리해놓은 '테질밭'(600평)에 장남 고병문 혼자 10시간 동안 밭벼 씨 5되를 파종했다. '씻맹텡이'를 왼쪽 어깨에 메고 오른손으로 씨를 잡아 팔을 아래에서 위로 뻗으며 흩뿌려 파종했다. 이를 '씨를 뻰다'고 한다. 밭벼를 파종할 때 밑거름은 따로 하지 않고 화학비료를 주었다. 파종은 다음 날까지 이어진다.

30 5월 23일에 베어 장만한 보리를 정미소에서 도정했다. 겉보리 1말을 도정해 보리쌀 반 말, 보리겨 2말이 나왔다. 방아 찧은 값으로 보리쌀 4홉을 주었다. 쌀 '1.5斗'는 '0.5斗'의 오기로 보인다. 이때는 선흘에 현대적인 정미소 두 곳이 운영되고 있었다. 제주의 전통적인 방아인 나무를 깎아 만든 '남방애', 근대에 등장한 말을 이용한 '물방애'와 구별해 모터로 돌리는 현대식 방아를 '기계방애'라고 불렀다.

31 '사료전'의 '밭담'을 정비했다. '사료전'은 소의 먹이를 생산하는 밭이라는 뜻이다. 소의 먹이인 꼴을 제주말로 '촐'이라고 하고, 사료전은 보통 '촐왓'이라고 했다. 이제부터 '촐'이 왕성하게 자라는 때라 '촐왓'의 '밭담'을 정비해 소가 들어가 뜯어먹는 것을 방지해야 한다. '촐왓'은 여러 개였는데, '알바매기' 오름 아래쪽에 '내천밭', '섭서리또', '최선밭' 등이었다. 당시

장녀 피용노동 父 유체 비기 10시간[32]

本人 수눌기 제초작업

5/27 수요일 |흐림|

육도 밭 발으기 장남, 이남 6시간[33]

보리비기, 장녀, 본인 11시간[34]

5/28 목요일 |비|

소약 해오고, 술 소약으로 100원 지출[35]

장정 두 사람이 남테를 끌며 밭을 밟고 있다. ⓒ 제주특별자치도, 공공누리

'알바매기'는 소를 놓아 먹이는 곳이어서 나무가 없는 목초지였다. 제주도 오름은 전통적으로 대부분 소의 방목지로 이용되었다.

32 장녀가 아버지 유채밭에서 수눌음으로 일한 것이다. 아버지와는 같이 살고 있지 않았다.

33 이틀 동안 밭벼 씨를 뿌린 '테질밭'을 밟았다. 넓지 않은 밭이어서 테우리(소와 말을 놓아 먹이는 일을 전문으로 하는 사람)를 부르지 않고 장남 고병문이 동생과 기르는 소를 끌며 밭을 밟았다. 제주도 땅은 푸석푸석해서 씨를 뿌리고 나면 헐거운 땅을 꼭꼭 밟아서 눌러주어야 온도와 습도가 유지되어 씨앗이 발아할 수 있다. 이렇게 밭을 밟는 것을 '밧 볼 린다'고 한다. 보통 큰밭을 밟을 때는 말테우리를 부르는데, 말테우리는 40~50마리의 말을 이끌고 밭을 밟아나간다. 밭을 밟을 때 80cm 정도 되는 길이의 무거운 통나무에 말뚝을 빽빽이 박은 '남테'라는 농기구가 동원되기도 한다. '남테'를 사람이나 마소가 끌며 땅을 다지는 것이다. 하지만 '남테'가 흔하지는 않아서 이를 가진 집은 몇 집 되지 않았다고 한다.

34 본격적인 보리 수확이 시작되었다. 보리 수확은 보통 망종(6월 5일) 전에 마쳤다.

35 소가 병이 났다. 소 약으로 술을 샀다. 소에게 술을 조금 먹이면 소가 힘을 낸다고 해서 약 삼아 먹였다고 한다.

보리 홀트기, 본인, 장녀 5시간[36]

태작 2인 3시간 數量_{수량} 3斗(말)[37]

5/29 금요일 |맑음|

보리비기, 2인, 11시간

5/30 토요일 |맑음|

소약 대금으로 100원 지출

보리비기 2인 11시간, 1인 7시간

보리 닥어오기[38]

5/31 일요일 |맑음|

보리비기 3인 8시간, 묶으기 3시간

조력원 1인 11시간

*5월달

전달에 넘어온 돈

이달에 들어온 돈 / 2,781원

이달에 나간 돈 / 2,485원

다음달로 넘어갈 돈 / 296원

36 '홀트기'는 보릿대에서 이삭을 떼내는 일이다. 훑어낸다는 뜻
으로 커다란 빗처럼 생긴 '보리클'에 보릿대를 끼워 당기면 이
삭이 떨어져 내렸다.

37 '태작'은 타작의 다른말이다. 마당에 멍석을 깔고 도리깨로 때
려 타작했다. '보리클'로 훑어 모은 이삭을 도리깨로 때려 낟
알을 털어냈다. 어머니와 큰딸이 8시간 타작해 보리 낟알 3말
을 마련했다.

38 그저께 타작해놓은 보리 낟알을 정미소에 가서 찧어왔다.

보리클에 보리를 끼워 훑으며 이삭을 떨어내고 있는 농부들 ⓒ 고광민

제주의
보릿고개

　육지나 제주섬이나 할 것 없이 농사꾼들에게 수확철은 가장 바쁘고 기쁜 때다. 보리를 수확하는 5월이 왔다. 제주 사람들은 보리가 익을 때까지 "장예먹다가, 고사리 바꿔 먹다가, 섣보리 먹으며" 보릿고개를 넘었다. 양식이 떨어지면 이웃에 꾸어서 먹을 수밖에 없는데, 이를 '장예먹는다'고 한다. 보리쌀이나 좁쌀을 4되 꾸면 '산듸쌀'(밭벼쌀)이나 메밀 5~6되로 갚아야 했다. 그렇게 빚이 늘어만 가다가 4월이 오면 솟아날 구멍이 생겼다. 고사리가 솟아나는 것이다. 4월 초순에 일주일쯤 비가 오락가락하는 '고사리장마'가 지나면 곶에서 오름에서 목장에서 고사리가 머리를 쑥 내밀었다. 그러면 온 가족이 나가 고사리를 해다 삶고 말려 장에 나가 팔았다. 고병문의 가족들도 그렇게 내다 판 고사리 값으로 쌀도 사고, 생선에 미역, 초, 계란을 사서 '식개'(제사)를 지내고, 옷도 사고, 생필품도 마련할 수 있었다.

　제주에는 유독 '솟아나는' 것이 각별하다. 생활 속에서 '솟아난다'는 표현도 많이 쓰는데, 애초에 이 섬의 존재 자체가 화산 분출로 바다 위로 솟아올라 생긴 땅이기에 그런지도 모르겠다. 제주섬에 사는 사람 역시 땅에서 솟아올랐는

1. 12월의 보리싹 **2.** 3월의 보리밭 **3.** 4월의 청보리 **4.** 5월 초 '노리롱해진' 보리 **5.** 5월 말
수확 직전의 보리밭 모습 ⓒ 이혜영

데, 탐라국의 개벽 시조인 고·양·부 세 성(姓)의 삼신인이 삼성혈 구멍에서 솟아
났다고 하며, 제주 백성의 삶을 고달프게 했던 귀한 물도 땅속으로 스며들었다
가 해안가에서 용천수로 솟아나고, 어느 봄날 땅속에서 솟아오른 고사리는 보
릿고개를 넘겨주었다.

솟아난 고사리에 의지해 살아가다 4월 말이면 드디어 새파랗던 보리 이삭
이 '노리롱해진다'. 보리를 수확하려면 한 달은 더 남았지만 설익은 보리라도 먹
을 방도를 찾아냈다. 설익은 보리 그대로는 찧어도 껍질이 벗겨지지 않기 때문
에 가마솥에서 떡을 찌듯 쪄서 '고리'(대나무 따위로 짠 널쩍한 바구니)에서 말린
뒤에 '남방애'(둥글넓적한 나무 방아)에 찧어 먹었다. 이를 '설보리'라고 한다. 고
사리 바꿔 먹고, 설보리 먹으며 보리밭에 마지막 김을 매주고 나면 보리는 더욱
힘을 내 누렇게 여물었다. 보릿고개가 끝나가고 있다.

수백, 수천 년 동안 제주도의 봄은 보리와 함께 왔을 것이다. 1960년대 제주
도 사람들은 집집마다 1,000평 내외의 보리밭을 일구고 있었으니 봄이면 눈
닿는 어느 곳이나 보리가 출렁거렸으리라. 5월 27일, 노랗게 여문 고병문네 보
리밭에 본격적인 보리 베기가 시작된다. 보리 베기는 5일 동안 계속되었다.

곱디고운 하얀 쌀밥
곤밥

    고병문 가족이 보리밭 김매기를 마치고 힘껏 해낸 일은 '산두전 풀치기'다. 산두는 산도(山稻), 즉 밭벼를 말하며, 제주도에서는 '산듸'라고 한다. 고병문네는 산듸밭 350평을 가지고 있었다. 풀치기는 밭을 갈아 봄에 올라온 잡초를 뒤집어주는 일이다. 풀치기 뒤에 김매기를 하고 다시 두 번 밭을 갈아 뒤집은 다음 육도(陸稻)를 파종했다. 산두, 산도, 산듸, 육도 모두 밭벼를 말하는 한가지 말이다. 그리고는 밭을 꼭꼭 밟아주었다.

    제주 사람들은 벼농사를 염원했지만 제주땅은 물을 가두어야 하는 논을 쉬이 허락하지 않았다. 침투성이 높은 화산회토는 비가 와도 빗물이 땅속으로 다 스며들어 푸석푸석했다. 드물게 물이 고이는 지대나 물이 마르지 않는 일부 내천가에 논을 마련할 수 있을 뿐이었다. 이런 논은 전체 경작지의 1%도 되지 않았다. 그래서 제주에는 밭벼 경작이 이뤄졌는데, 작게나마 밭벼밭을 일구어 볍쌀을 마련하였다. 이렇게 마련한 하얀 쌀은 제사나 잔치 때가 아니고는 구경하기 어려울 정도로 귀했다. 제주 사람들은 볍쌀로 지은 하얀 쌀밥을 '곤밥'이라 하고 하얀 볍쌀을 '곤쏠', 볍쌀로 만든 떡을 '곤떡'이라고 한다. 고운밥, 고운쌀, 고운떡이라는 뜻이다. 제주 사람들에게 곱다는 것은 단순이 희고 예쁘다는 것을 넘어 소중하다는 뜻이 담겨 있다. 엄마가 아기를 '우리 곤애기~' 하고 부를 때 예쁘고 소중해서 기쁜 마음이 환하게 드러난다.

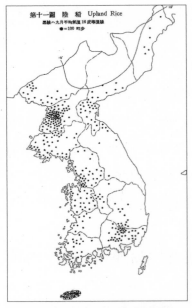

1932년 밭벼 경작 분포도, 〈농사시험장휘보〉

1932년 조선총독부가 발간한 〈농사시험장휘보〉에 실린 밭벼 경작 분포도를 보면 제주도 사람들이 밭벼 생산에 얼마나 안간힘을 썼는지 실감할 수 있다. 평양 북쪽 지역에도 밭벼 경작이 활발하지만 제주도만큼은 아니다. 제주도에서 밭벼 농사가 절박한 가장 큰 이유는 제사를 지내기 위해서였다.

설날과 추석, '식개'라고 하는 기제사와 부모님이 돌아가시면 탈상 때까지 3년 동안 '삭망'이라고 해서 달마다 음력 1일과 15일 두 번씩 제상을 차려야 했다. 또한 당에 갈 때, 굿을 할 때도 곤밥을 올려야 하고, 결혼이나 장례 같은 큰 일을 치를 때도 곤밥을 하고 곤떡을 해야 하니, 밭벼 농사에 정성을 들여야 했다.

제주도에서는 다양한 밥을 지어 먹었다. 흰쌀이 없으니 잡곡과 그에 더하는 재료에 따른 밥이 참으로 많다. 늘상 먹는 것은 보리밥, 조밥이요, 보리쌀에 곤쌀을 조금 얹은 밥은 반지기밥, 보리쌀에 섞는 재료에 따라 모멀쌀밥(메밀밥), 대죽쌀밥(수수밥), 피쌀밥(피밥), 속밥(쑥밥), 콩밥, 지실밥(감자밥), 감저밥(고구마밥), 푸레밥(파래밥), 톨밥(톳밥), 감태밥, 물릇밥(무릇밥)….

　보리쌀을 아끼기 위해 먹을 수 있는 것은 무엇이든 넣어서 밥을 지었기 때문에 밥의 이름은 끝이 없을 것이다. 말이 밥이지 보리는 드문드문하고 부재료가 주를 이룰 때가 많았고, 무릇 뿌리를 넣은 물릇밥은 독성이 있어 사나흘 계속 먹으면 얼굴이 부었다. 60년대까지만 해도 삼시 세끼 장만하려면 사력을 다해야 했다.

　그러니 곤밥 구경할 수 있는 제삿날에는 어린아이도 제사가 끝날 때까지 기를 쓰고 잠을 참았다. 그래야 한 숟가락이라도 곤밥이 입에 들어오고 돼지고기도 한 점 맛볼 수 있었으니 말이다. 깜박 잠이 들어 곤밥을 놓쳐버린 아이는 뒷날 아침 서럽게 눈물을 쏟았다.

　밭벼를 파종할 때 반드시 해주어야 하는 것이 있는데, 바로 '밭밟기'다. 제주 말로 '밧볼리기'라고 하는 제주의 특별한 농법은 보리밭 새싹을 밟아주는 것과는 다른 것으로, 씨앗을 파종할 때 땅을 다지는 것을 말한다. 밧볼리기가 모든 작물에 필요한 것은 아니고, 조와 밭벼 파종에서만 이루어졌다. 밭밟기에 대한 자세한 이야기는 조를 파종하는 7월에 풀어나가는 것이 좋겠다. 그렇게 꼭꼭 밟아 밭벼 파종이 끝나면 11월까지 때맞춰 김을 매며 정성을 들여야 한다.

물의
공동체

5월 9일, 고병문의 동생은 빨래를 했다. 빨래를 한 곳은 '반못'이라는 '물통'이었다. 선흘 사람들은 웅덩이 같은 습지를 물통이라고 한다. 먹을 물이 나는 곳이기 때문이다. 반못은 선흘에서 제일 큰 물통인데 큰물과 작은물 두 개로 나뉘었다. 큰물에서는 빨래도 하고, 소와 말도 와서 먹고, 아이들에겐 수영장 노릇도 하고, 작은물은 먹을 물을 뜨는 용도로 썼다. 반못 외에도 크고 작은 물통이 있어서 사람과 짐승이 이 물통에 의지해 대대로 살아왔다.

제주도 여자들에겐 물의 지도가 있었다. 종이에 그려진 그런 지도가 아니라 마음에 새겨진 지도다. 물이 너무도 귀하고 어려워 제일 가까운 물부터 그 물이 마르면 다음 물, 그다음 물로 물을 뜨는 순서가 있었다. 가물 때는 7~8km 떨어진 곳까지도 물을 길으러 걸어다니며 몸에 새긴 지도이기도 하다. 용천수가 솟아나는 해안가 마을은 그나마 물 사정이 나았지만 중산간의 웃뜨르 마을에는 작은 못이나 웅덩이가 여기저기 흩어져 있어 물의 지도가 더욱 길고 복잡했다.

물통에는 저마다 이름이 있어서 지도에 새겨졌다. 먼물깍, 개뿔은물, 봉근물, 돗썩은물, 애기구덕물, 홍우판물, 고망물, 새로판물… 등 선흘리에 이름 가진 물통만 30~40개다. 마을에서 멀리 끄트머리에 있어서 먼물깍, 개가 빨아 먹는 걸 보고 물이 있는 걸 알게 된 '개뽈은물', 우연히 발견한 '봉근물('봉그다'는 '줍다'는 뜻이다.)', 멧돼지가 빠져 죽은 '돗썩은물', 애기구덕처럼 작고 길쭉한 '애기구덕물', 고홍우 어르신이 축축한 땅을 발견하고 파서 만든 '홍우판물', 조그만 구멍에 물이 고이는 '고망물', 마을사람들이 함께 파고 담을 쌓아 넓힌 '새로판물', 이것이 그 이름의 내력이다.

낮에는 밭일로 하루 해가 가고 물 긷기는 식구들 저녁밥 해먹이고 집안일 돌본 뒤 한밤중이나 새벽에 하는 수밖에 없었다. '물구덕'에 '물허벅'을 담아 지고 고단한 몸을 이끌고 어두운 밤길을 밟아 두세 허벅은 지어놓아야 다음 날 밥하고 씻을 물을 마련할 수 있었다.

부엌에는 길어온 물을 담아두는 큰 물항이 두어 개 있어서 혹시 모를 여분의 물을 항상 비축해 놓았다. 물항이 비면 그집 며느리는 손가락질을 받을 일이었다.

먼물깍 ⓒ 이혜영

물 긷는 일이 그토록 엄중하다 보니 여자아이들도 일고여덟 살만 되면 물을 길으러 다녔다. 아이들은 작은 허벅인 '대바지'를 지고 어머니를 따라다니다 이내 혼자 물을 지어왔다. 고병문의 여동생처럼 빨래를 하러 갈 때는 가는 길에 물도 지어오려고 등에는 물구덕에 물허벅을 담고, 그 위로 빨래 바구니를 얹고 가서 올 때는 물이 가득한 허벅과 젖은 빨래까지 한번에 지어왔다. 불과 50~60년 전 제주도 여성의 삶이었다. 예닐곱 살에 물 긷는 여자의 삶이 시작되는 것이다.

간혹 낮에 물을 길으러 가는 경우도 있었는데, 이때는 이웃집에서 혼례나 장례 같은 큰일을 치르거나 집을 짓느라 '흙질'을 할 때였다. 큰일을 치를 때나 집 지을 흙을 이길 때는 많은 물이 필요해서 가족끼리 해결할 수 없는 노릇이니 온 마을 사람들이 나서서 물로 부조를 하는 것이다. 이를 '물부조'라고 했다. 그것

제주도 여자들에게 물허벅은 평생, 날마다 지어야 하는 무거운 의무였다. ⓒ 홍정표

44

을 이웃의 도리로 여겼다.

'물통'은 마을의 귀한 자산이었다. 선흘 사람들은 선흘곶 동백동산 곳곳에 흩어져 있는 크고 작은 물통들에 의지했다. 윗선흘의 제일 큰 물은 '반못'이었고, 알선흘의 제일 큰 물은 '먼물깍'이었다. 대부분의 선흘 물통은 땅에서 솟는 물이 아니라, 비가 내려 고인 물이어서 물 관리가 더욱 중요했다. 작은 물통들은 물 뜨러 다니는 어멍들이 '추접한 것'(더러운 것)이 보이면 그때그때 걷어내며 관리했고, 큰 물통들은 일 년에 두어 번 마을사람들이 모여 청소했다. 반못은 큰물과 작은물 두 개로 나눠져 있는데, 작은 물은 먹는 물로 쓰고, 큰물은 빨래터도 되고, 목욕탕도 되고, 여름이면 아이들의 수영장도 되어주었다. 그 물에는 붉은 뱀이 산다고도 하고, 누가 물렸다고도 하는데, 이제는 누가 거기 놓았는지 자라 몇 마리가 살고 있다.

집을 짓거나 혼례, 장례 같은 큰일을 치를 때 '물부조'는 이웃의 도리였다. ⓒ 부홍룡

보리가
쌀이 되는 여정

6월은 타작의 시간이다.

베어 놓은 보리는 밭에서 말라가고,

유채와 무까지 마저 베면 타작할 일이 태산이었다.

갑자기 비라도 내리면

애써 지은 곡식들이 젖어 썩게 되고,

조 파종도 코앞이니 더욱 부지런을 떨어야 한다.

타작은 밭에서 하기도 하고

집에 실어와 마당에서 하기도 했다.

도리깨로 타작할 때는 '마당질소리'로 박자를 맞추었다.

마당질소리는

제주도 농업노동요 가운데 가장 힘찬 소리다.

"어야도 하야 어가 홍아!"

앞소리에 이어 다같이 받는 소리가

6월의 밭과 마을을 가득 채웠다.

사람도 소도 바쁠 때지만 '고팡'(광)에

곡식이 쌓이는 기쁨으로 고단함을 씻었을 것이다.

ⓒ 홍정표

1964년

6월

6/1　월요일 |흐림|

유채비기 3인 5시간[39]

보리 묶으기 3인 6시간

보리 全部전부 16바리 480뭇[40]

6/2　화요일 |흐림|

유채 3人 7시간

성냥 1개 2원

1970년대 초 30대 초반의 고병문. 선흘리 리사무소 앞에서 마을 풍경을 배경으로 삼아 오토바이를 탄 모습이 멋지다. 팽나무 뒤로 펼쳐진 유채밭은 귤밭으로 바뀌었다가 지금은 여러 채의 집들이 들어서게 되었다. ⓒ 고병문

39 유채씨가 여물어 베기 시작했다. 유채밭은 '반못' 근처에 있는
'멍모루'였다. 1,700평의 큰 밭이다. 유채는 한때 제주도 농가
소득의 일등공신이었다. 유채 기름은 식용유로 쓰이거나 마
가린의 원료로 이용되었다. 가을에 심어 겨우내 자라는 유채
는 이듬해 3월에 노란 꽃으로 제주도를 물들였다. 이른 봄에
펼쳐진 눈부신 노란 꽃밭은 따뜻한 관광지 제주도의 이미지
가 되어 지금도 제주도 풍경을 상징하고 있다. 1962년부터 제
주도에서 본격적으로 유채 농사가 시작되었는데, 1970년대
중반부터 귤 농사가 시작되면서 유채밭은 과수원으로 바뀌어
갔다.

40 5월 27일부터 5월 31일까지 4일 동안의 보리베기가 끝났다.
어머니와 장녀 두 사람이 하루 11시간씩 베다가 마지막 날에
는 큰아들과 이웃 사람까지 4명이 매달려 베고 묶었다. 6월 1
일에 보릿단을 마저 묶어보니 올해 보리 수확은 모두 16바리,
즉 480뭇이 나왔다. '바리'는 소 1마리에 가득 실을 수 있는 수
량을 세는 단위다. 선흘에서 보리 1바리는 30뭇이었다. 그런
데 소의 먹이가 되는 '촐' 따위는 40뭇이 1바리였다. 이는 마
을마다 조금씩 달랐다.

곡식이나 땔감을 옮기거나 쌓아두려면 일정한 크기로 묶어
야 했는데, 이를 세는 단위가 '뭇'이다. 선흘에서 '뭇'은 한 팔
로 안아 쥘 수 있는 정도 굵기로 묶었다. '뭇'의 크기는 무엇을

6/3 수요일 |바람|

채종자 비기 3人 8시간[41]

6/4 목요일 |맑음|

재초작업 長男, 本人 밭에염하기 8시간[42]

6/5 금요일 |맑음|

보리 태작 本人, 長男, 長女

油菜유채 태작 3人 5시간

6/6 토요일 |맑음|

長女 5일장

長男 고무신 90원

3남 고무신 50원

미역 35원

英順영순[43] 낭닌구 40원

3남 낭닌구 30원

성냥 15원

고추 15원

海魚해어 15원

팟 4승[44] 370원 入

묶느냐에 따라 다르게 적용되었다. 선흘에서 보리나 '촐'(꼴), '새'(띠), '검질'(잡풀) 등은 한 팔로 안아 쥘 수 있을 정도의 묶음이 한 뭇이고, 콩대는 한 아름을 묶어야 한 뭇이 되었다. 그래서 콩대는 4~5뭇이 한 바리가 된다. '뭇'을 묶을 때는 칡줄이나 띠로 꼰 줄을 썼다. 이런 줄을 '깨'라고 하였다.

41 '채종자'는 무를 말한다. 무씨를 받아서 가을에 뿌릴 것만 남겨두고 나머지를 팔면 제법 수입을 올릴 수 있었다.

42 장남 고병문은 보리를 베고 난 '처남동산' 빈 밭에 난 잡초를 제거하고 어머니는 밭담 아래 잡초와 담에 엉클어진 넝쿨 등을 걷어 정리했다. '에염'은 옆, 가장자리를 뜻한다. '밭에염하기'는 밭 가를 정리하는 일이다. 조 파종을 준비하고 있다.

43 2녀, 막내딸의 이름이다.

44 승升은 부피를 재는 단위인 '되'를 말한다. 곡식의 부피를 헤아리는 옛 도량형은 다음과 같다. 가장 작은 단위인 '홉(합合)'의 열 배가 '되(승升)', '되'의 열 배가 '말(두斗)'이다. 1홉은 약 180㎖, 1되는 약 1.8ℓ, 1말은 약 18ℓ가 된다. 모두 열 배로 연결되어 있는데, 1'섬(석石)'만은 15말이다.

長男 밭갈기 5시간
보리 실어오기 5시간[45]

6/7 일요일 |맑음|

밭갈기 소 발리밭 초불 長男 11시간[46]
보리 태작 2人 3시간 數量수량 2斗(말)
油菜유채 태작 2人 8시간 2斗[47]

6/8 월요일 |맑음|

밭갈기 長男 10시간[48]
채종 됬으기[49]

6/9 화요일 |맑음|

나는 오늘 놀고
母女는 채종 수늘래 옥생 집에서[50]

소에 쟁기를 메어 밭을 일구는 제주도 농부. 일제강점기 때의 모습이다. ⓒ 고광민

45 5시간 동안 베어 묶어놓은 보리를 실어오고, 5시간 동안 조밭을 갈았다. 보리농사가 끝난 처남동산 1,000평 밭이다.

46 어제 갈다 만 조밭을 종일 갈았다. 소에 쟁기를 메어 초불갈이를 했다. 조밭은 보통 보리를 수확한 직후 한 번, 파종하기 직전에 한 번, 해서 두 번 갈았다. 보리를 베고 난 직후의 밭갈이를 '거시린다'고 하고, 이렇게 '거시려놓은' 밭을 '거시림팟'이라 했다.

47 유채 타작이 시작되었다. 이틀 동안 말린 유채를 타작해 유채씨 2말을 얻었다.

48 조밭 초불갈이가 계속되고 있다.

49 '뒀으기'는 뒤집는다는 뜻이다. 유채를 타작해보니 조금 덜 말랐던지, 유채를 뒤집어 주었다.

50 집집마다 유채 수확으로 바쁜 때다. 그래서 어머니와 여동생은 이웃집 옥생이네 유채 수확을 도우러 갔다.

53

6/10 수요일 |흐림|

榮種子채종자 태작 3人 10시간 玉生옥생 10시간[51]

6/11 목요일 |흐림|

보리 홀트기 2인 6시간[52]

6/12 금요일 |흐림|

보리 홀트기 3人 5시간

보리 태작 2石 4斗 품삯 1斗 2승[53]

6/13 토요일 |흐림|

보리 홀트기 長男 長女 5시간

보리 태작 本人 長女 3시간 6斗 品 3升(되)

51 어머니, 고병문, 여동생, 이웃집 옥생이까지 와서 종일 유채를 타작했다.

52 보리는 거름을 마련하느라 농사도 힘이 들었지만 수확해 보리쌀을 마련하는 과정도 간단치가 않았다. 그 순서만 보면 이러하다. 1. 이삭 따기: 보릿단을 '보리클'에 훑어 '고고리' 따기 → 2. 타작(태작): 도리깨로 두드려 낟알을 떨구는 '마당질'하기 → 3. 까끄라기 제거: 작은 나무바가지 '솔박'으로 낟알을 퍼 올렸다 부으며 보리수염인 'ᄀ시락'이 바람에 불려가도록 하는 '불림질'하기 → 4. 쭉정이 거르기: '푸는체'(키)로 '푸며'(까불리며) '졸레'(쭉정이) 걸러내기 → 5. 낟알 말리기: 이틀 정도 멍석에 널어 말리기 → 6. 껍질 벗기기: 보리 낟알을 물에 담갔다가 '돌방애'(연자방아)에 찧어 껍질 벗기기 → 7. 보리쌀 말리기: 껍질이 섞인 젖은 보리쌀을 다시 멍석에 널어 말리기 → 8. 껍질 떨어내기: '푸는체'로 '푸며' 보리쌀에서 '체'(껍질)를 떨어내는 '체가름'하기 → 9. 골라낸 보리쌀 말리기 → 10. 맷돌질하기: 잘 말린 보리쌀을 보관했다가 그때그때 'ᄀ레'(맷돌)에 먹을 만큼 갈기. 이것을 '보리쌀 벌른다'(보리쌀 쪼갠다)고 한다. 이렇게 여러 번 손을 거쳐야만 보리밥을 지어 입에 넣을 수 있었다.

53 탈곡기로 낟알을 떨어 보리쌀 2섬 4말이 나왔고, 품삯으로 보리쌀 1말 2되를 주었다. 당시에 '메탁기'라고 부르던 모터를

6/14 일요일 |맑음|

오늘은 端午단오[54]

6/15 월요일 |맑음|

소맥 비기 본인 장녀 4시간[55]

채종자 태디기 본인 장녀 장남 조력원 7[56]

6/16 화요일 |맑음|

長男 난닝구 45원, 2남 웃옷 90원, 식초 20원, 배추 15원

팟 3카[57], 선인동[58]

단 동력탈곡기가 들어와 있었는데, 이를 가진 집에서 빌려 탈
곡한 것이다. 이 시기에는 도리깨질과 동력탈곡이 공존했다.

54 단옷날이다. 유교식 의례를 지켰던 조선시대에 행하던 단오
차례나 그네뛰기 등이 남아 있는 경우도 더러 있었지만 제주
에서 단옷날은 그렇게 중요한 명절은 아니었다. 단오는 모내
기를 끝내고 풍년을 기원하는 제사와 본격적인 농사를 준비
하는 휴식의 의미를 담은 논농사권의 명절이다. 논이 없는 제
주에서는 보리 타작과 코앞에 닥친 조 농사 준비가 더 급했다.

55 밀을 베었다. 소맥은 밀을 말한다. 이 즈음 많은 농가에서 밀
농사를 지었는데, 밀은 제사상에 올릴 '상외떡'을 만드는 데
꼭 필요했기 때문이다. '상외떡'은 밀가루를 막걸리로 발효시
켜 쪄내는 빵이다. 쌀이 귀한 제주에서 떡을 대신해 밀가루로
떡을 쪄낸 것이다. '상애떡', '상회떡'이라고도 하는데, 상화떡
이 제주식으로 자리잡은 것으로 보인다. 또한 밀가루로 만든
'조배기'(수제비)도 많이 먹었다.

56 어머니, 고병문, 여동생, 조력원 4명이 7시간 동안 유채를 타
작했다. '태디기'는 때리기, 즉 타작을 말한다.

57 팥 3되를 팔아 고병문의 러닝셔츠 등을 샀다.

58 고병문이 선인동 외할머니댁에 갔다는 말이다. 선인동은 지
금의 선흘2리에 있는 자연마을이다.

6/17 수요일 |맑음|

아침 옴

채종 태작 7斗 본인 3人 5시간[59]

6/18 목요일 |맑음|

빨래하기 長女 5시간

진드기 구제 長男 5시간[60]

6/19 금요일 |비|

송아지 출해오기[61]

보리쌀 2斗 쌀보리쌀이 7승 품 1승[62]

6/20 토요일 |맑음|

콩 팟 파종 長男 8시간 콩 5升 팟 1승

재초작업 長女 7시간[63]

6/21 일요일 |맑음|

콩 파종 長男 9시간 재초작업 長女[64]

산도닝과자 30원[65] 콩 5승

6/22 월요일 |맑음|

옥생 英內영내 콩田전 갈아주기 11시간[66]

59 외할머니댁에서 자고 아침에 집에 돌아와 어머니, 고병문, 여동생 세 식구가 유채를 타작했다.

60 선흘리 공동목장에서 공동으로 소의 진드기 구제 작업을 했다.

61 아픈 송아지는 '번쉐'로 먹이지 못하고 집에 두었기 때문에 '촐'(꼴)을 마련해야 했다.

62 정미소에서 보리 2말을 도정해 보리쌀이 7되 나오고, 품삯으로 1되를 주었다.

63 장남 고병문은 콩 5되와 팥 1되를 파종하고, 여동생은 밭담 주변의 풀을 뽑았다.

64 콩 5되를 더 파종하고 제초했다.

65 '산도닝과자'는 과자 이름이 아니라 회충약이다. 독일에서 개발한 회충약 '산토닌'을 일본식 발음으로 구음해 산도닝이라고 했다.

66 고병문이 이웃집 옥생이네와 영내네의 콩밭을 갈아주었다.

산토닌은 회충, 요충, 편충 등 사람 몸속의 기생충을 배출시키는 구충제다.
ⓒ 6080 추억상회

3남 주사 이질 100원[67]

6/23 화요일 |맑음|
英內 콩 갈아주기 3시간
3남 주사 160원

6/24 수요일 |흐림|
2人 풀치기 10시간[68]

6/25 목요일 |비|
소촐 해오고 놀았음
同心親睦會동심친목회 出征費출정비 30원[69]

6/26 금요일 |비|
오늘은 나는 놀기만 했고
長女 五日場오일장 往來왕래 油菜유채 4升승 貳百貳拾円이백이십원[70]
고무신 1켤레 2남용 55원
소주 60원 1승
해어 3개 60원
BHC 1봉 20원[71]
고춧가루 1홉 5원
計 200원 20원 잔

67 막내 5살 희문이가 이질에 걸려 설사가 심해 주사를 맞았다. 정식 면허를 가진 의사는 아니지만 동네마다 주사를 놓아주는 사람이 있어서 이를 불러 주사를 맞았다.

68 조밭을 제초했다.

69 '동심친목회'는 장남 고병문이 친구들과 하는 친목회인데, 회원 가운데 군에 가는 이가 있어 30원씩 걷어 송별금을 마련했다. 한국전쟁이 끝난지 10여 년이 지났지만 군입대를 전쟁에 나간다는 '출정'이라고 표현하던 시절이었다.

70 장녀가 오일장에 가서 유채씨 4되를 220원에 팔았다.

71 BHC는 농약 이름이다.

동심친목회 회원들의 나들이. 집안의 대소사도 서로 돌보는 한마음 한뜻의 친구들이다. 뒷줄 오른쪽에서 세 번째가 고병문이다. 단기 4293년은 서기 1960년이다. ⓒ 고병문

6/27 토요일 |흐림|

풀치기 본인 장녀 7시간**72**

6/28 일요일 |흐림|

조 파종 3인 9시간

6/29 월요일 |흐림|

재초작업 2人 11시간

6/30 화요일 |흐림|

메밀 처음 밭갈이 8 2人 재초 11시간**73**

선일친목 송별금 지출

6월 입출금

전달에 넘어온 돈 2원

이달에 들어온 돈 740원

이달에 나간 돈 727원

다음달로 넘어갈 돈 35원(29일 現在_{현재})

1964년 총파종 作物_{작물}

보리 1,000평

유채 300평

72   조를 파종하기 직전에 잡초 제거작업이 시작되었다.

73   메밀 파종 준비를 위해 장남이 메밀밭 초벌갈이를 8시간 하고, 본인과 장녀가 11시간 제초했다.

74   당시의 재산 상황을 기록했다.

배추 50평

마늘 50평

수박 300평

육도 350평

밭 5,676평 소유면적 5,676평

소 7마리 4,900원

돼지 1두 2,000원[74]

보리 타작의
정석

보리 베기가 끝나고 타작이 시작되었다. 보리를 베는 것도 보릿단을 묶어 실어오는 것도 온 가족이 매달리고 이웃의 품을 빌려 일주일이 넘게 걸린 일이지만, 보리가 쌀이 되어 입에 들어오게 하려면 아직 갈 길이 멀다. 지금이야 콤바인으로 쓱 밀고 가면 수확과 탈곡이 동시에 되어 낟알이 부대에 탁탁 담겨 나오지만, 60년대까지는 그야말로 한 단계 한 단계 사람의 다부진 힘으로 밀고 가지 않으면 한 걸음도 나아갈 수 없었다.

1,000평 정도 되는 보리밭을 세 식구가 낫자루 하나씩 쥐고 베어나간다. 목장갑 같은 것이 없으니 그저 맨손이다. 보릿대를 쳐나가다 보면 쉽게 날이 무뎌지기 때문에 중간중간 숫돌에 날을 갈면서 한다. 베어낸 보리는 밭에 그대로 눕혀 며칠 말리는 것이 좋다. 말린 보릿단을 묶는 일도 요령있게 단단히 해야 한다. 어설프게 했다가는 싣고 오다가 줄줄 흘려버릴 것이니 말이다.

고병문 가족은 보릿단을 소가 끄는 마차에 실어 운반했다. 한반도 마차의 역사는 삼국시대까지 거슬러 올라가지만 화산섬 제주도의 길은 곳곳에 돌이 박혀 바퀴를 굴리기 어려웠다. 길이 정비되고 수레가 흔하게 이용되기 전까지는

밭에서 마당질하는 모습. 콩을 타작하고 있다. 오른쪽에 앉은 사람은 콩대를 넣고
뒤집고 빼는 '사공'이다. ⓒ 홍정표

소 잔등에 싣고, 사람은 지게에 지고 밭과 집 사이를 수십 번씩 오가며 보릿단을 날랐다. 거름도, 소꼴도, 땔감도, 곡식도 무엇이든 그렇게 날랐다. 그렇게 소 잔등에 가득 실을 수 있는 양을 가늠하는 단위가 '바리'다. '사장밭에서 보리가 10바리 나왔다.' 하는 식으로 말했다. '짐 따위를 잔뜩 꾸려 놓은 모양'을 '바리바리'라고 하는 것도 이 바리에서 나온 말이다.

이제 바리바리 싣고 온 보릿단을 타작해 보자. 타작은 낟알을 떨어내는 일로, 밭에서 하거나 집에 싣고 와 마당에서 하기도 했다. 과거에는 타작을 '태작'이라고 했는데, 탈곡기가 나오기 전까지 태작은 보통 이러한 방식이었다. 커다란 빗처럼 생긴 '보리클'에 보릿단을 쓸어내리는 '홀트기'(훑기)로 '고고리'(이삭)만 먼저 떼어놓고 하기도 하고, 보릿단째로 하기도 했다. 돌담이나 큰 바위에 보릿단을 내리치는 '거상치기'로 떨어내기도 하고, 보릿단이나 이삭을 모아 펼쳐놓고 '도깨'(도리깨)로 두드리는 '마당질'을 했다. 마당질은 4~8명이 마주 서서 박자를 맞추며 번갈아 도리깨질을 하면 한 사람은 보릿단을 넣었다 뒤집고 빼며 이루어졌다. 여럿이 합을 맞추지 않으면 능률이 떨어지고 다칠 수도 있으니 '마당질소리'를 부르며 기운을 북돋고 박자를 맞추었다. '마당질소리'를 들어보면 얼마나 기운찬 노동이었는지 짐작할 수 있다.

떨어낸 낟알은 보릿짚 부스러기와 까끄라기가 뒤섞여 이를 분리해야 하는데, 제주도에 흔한 것이 바람이니 나무바가지로 퍼서 위에서 부어내리면 바람에 가벼운 부스러기와 까끄라기, 쭉정이는 날려가고 알찬 낟알만 아래로 떨어졌다. 이를 '불림질'이라고 한다. 이렇게 해놓으면 이제 탈곡이 끝난 셈이다.

보리 껍질
벗기기

　이제부터는 보릿겨를 벗겨내는 도정의 시간이다. 지금도 재래시장에 가면 방앗간을 만날 수 있다. 우리에게 방앗간은 떡집이기도 하고, 기름집이기도 하고, 고춧가루·미숫가루 같은 각종 가루를 내주는 곳이기도 하다. 현대의 방앗간에서는 '기계방아'가 그 모든 일을 해준다. 본디 방아는 사람의 힘이나 마소의 힘으로 곡식을 찧어 껍질을 벗기거나 알곡을 가루 내는 도구였다.

　제주도의 전통적인 방아는 '남방애'다. 나무방아라는 뜻으로 큰 통나무의 속을 판 둥글넓적한 방아통에 가운데는 홈을 내어 돌확을 앉혀 거기에 대고 나무공이로 찧는 것이다. 남방애는 여러 사람이 함께 찧을 수 있는 방아로, 방아의 크기에 따라 두 명이 찧을 수 있는 것을 '두콜방애', 세 사람이 찧을 수 있는 것을 '세콜방애' 하는 식으로 불렀다. 큰 것은 '여섯콜방애'까지 있었다. 이 또한 박자가 맞지 않으면 능률이 오르지 않고 머리나 턱을 다칠 수 있으니 '방애질소리'를 부르며 박자에 맞춰 일했다. 제주도에 절구가 들어온 것은 일제강점기 이후이며, 디딜방아는 존재하지 않았다. 흐르는 물이 없으니 물레방아도 있을 리 만무하다.

또 하나의 방아는 제주도식 연자방아인 '말방애'다. 한림읍 명월리에는 1858년 제주도 최초의 말방애가 세워졌다는 이야기가 전해진다. 문헌에도 그 이후에야 등장하는 것을 보면 제주도 말방아의 역사는 오래지 않은 것 같다. 그도 그럴 것이 조선시대에 말은 국가 소유로 민간에서 사사로이 소유하거나 쓸 수 없었다. 19세기 중후반에야 국마장이 사라지면서 말을 개인이 소유할 수 있게 되었다. 소나 말로 방앗돌을 돌리는 대형 방아가 등장하자 말방애는 제주도에 빠르게 퍼져나갔다. 커다란 방앗돌을 마련하고 옮겨와 돌을 쪼아 다듬고, 아랫돌 위에 웃돌을 올려놓는 일은 여러 장정이 힘을 합해야 하는 일이라 말방애는 10~20가호 정도가 함께 만들어 같이 썼다.

방아를 쓰는 일은 대개 같은 시기에 생기니 말방애를 쓰는 순서를 미리 정하거나, 그날 말방애를 쓰고자 하는 사람이 아침 일찍 방앗돌 위에 곡식을 쓸어담는 빗자루를 올려둠으로써 예약을 표시하고 자신의 소나 말을 매어 썼다. 마소가 마땅치 않을 때는 여러 사람이 함께 방아를 돌리기도 했다. 선흘리 본동에도 말방애가 3개 있었다고 하는데, 지금은 그 자리에 방앗돌만 남아 앉아 있다.

마지막 도정 도구는 맷돌이다. 제주도에서는 맷돌을 'ᄀ레'라고 했다. 이 모든 도정 과정은 한 번으로 되는 것이 아니고 찧은 것을 체로 치고 키에 까불려 껍질을 날리고 또 찧고 하기를 반복한다. 보리는 말방애에서 찧어 도정해 '고팡'(고방)에 저장해놓고 그때그때 맷돌에서 통보리를 쪼개 밥을 했다. 보리뿐만이 아니라 모든 곡식이 탈곡하고 도정하는 과정에 많은 시간과 노동과 정성이 들어가야 했다. 이제야 보리쌀이 나와 밥을 끓일 수 있겠다.

제주도의
전통 방아인
'남방애'
ⓒ 국립중앙박물관,
공공누리

근대에 유입된
'말방애'(연자방아)
ⓒ 홍정표

'ᄀᆞ레질'(맷돌질)하는
제주도 어머니들
ⓒ 홍정표

무정한
보리

　인류가 자연에서 저절로 열린 열매를 채취하다가 씨앗을 뿌리고 경작을 시작한 역사는 7,000~1만 년 전이라고 한다. 인류 최초의 농작물은 밀, 보리, 옥수수, 콩 등이었다. 벼는 그보다 늦게 작물화되었다. 한반도에서 처음으로 보리가 등장하는 기록은 『삼국유사』로, 주몽이 금와의 아들들에게 핍박을 받자 어머니 유화부인이 주몽을 남쪽으로 피신시키며 오곡(五穀: 쌀·보리·조·콩·기장)을 싸주는데, 보리 씨앗을 빠뜨려 비둘기를 통해 전해주는 장면이다. 유화부인은 훗날 고구려의 '농업의 신'으로 추앙된다. 한반도 곳곳에서 발견된 유물들은 문자 기록보다 더 거슬러 올라가는데, 1991년 일산신도시 개발 당시 발견된 '가와지볍씨'는 5천 년 전의 볍씨였다. 또한 황해도 봉산군 지탑리에서 신석기 중기(6천~7천 년 전)로 추정되는 피, 조 등의 곡물과 돌보습, 돌괭이 등의 유적이 출토되었다. 이 무렵부터 보리농사 또한 시작되었을 것이다.

　제주도의 개벽신화에도 오곡의 씨앗이 등장한다. 삼성혈에서 솟아난 고·양·부 삼신인은 가죽옷을 입고 사냥을 하며 살다가 '벽랑국'에서 오곡의 씨앗과 송아지, 망아지 등을 배에 싣고 온 세 공주를 맞아 혼례를 올렸다. 또한 자청비

71

의 탄생, 사랑, 이별과 큰 공을 세우고 농경의 신이 되는 과정을 그린 제주신화인 '세경본풀이'에서도 자청비가 하늘옥황으로부터 오곡(보리·조·콩·팥·메밀: 한반도와는 다르다)의 씨앗을 받아 내려온다. 재미있는 것은 유화부인과 달리 자청비는 메밀 씨앗을 빠뜨리고 내려왔다가 뒤늦게 가져와 메밀 파종이 늦어지게 되었다는 점이다. 탐라국의 건국 시기는 명확치 않지만 탐라가 최초로 기록에 등장하는 것은 3세기다. 중국의 역사서인 『삼국지위서동이전三國志魏書東夷傳』에는 탐라 사람들은 "개나 돼지의 가죽으로 옷을 만들어 입고, 소와 돼지 기르기를 좋아한다."는 대목이 나온다. 그 옛날 제주도에는 사람이 먹고도 남아

소와 돼지를 먹였던 것일까? 고기 먹기를 그렇게 좋아했을까? 근대에 와서야 겨우 식량 문제를 해결한 사회에서 그 옛날 그랬을 리가 없다. 소와 돼지의 사육은 역시 농업과의 연관성에서 바라보아야 그 해답을 찾을 수 있다.

〈농사시험장휘보〉의 1932년 한반도 보리 생산현황을 보면 제주도는 섬 전체가 얼마나 보리농사에 매달렸는지 짐작할 수 있다. '오곡'의 구성 곡물은 시대와 지역에 따라 조금씩 변해왔지만 보리만큼은 빠지지 않는다.

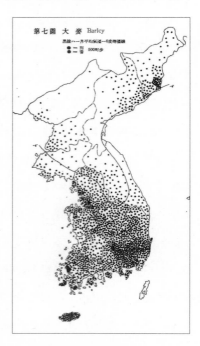

1932년 보리 생산현황, 〈농사시험장휘보〉

　그것은 보리가 겨울에 재배해 봄에 거두는 유일한 곡식이기 때문이다. 가을에 거둔 여름 곡식들은 겨울을 나는 동안 바닥나 며칠씩 굶는 날이 있더라도 봄에 거둘 보리를 바라보며 견딜 수 있었을 것이다. 보리가 없었다면 다시 쌀을 거둘 때까지 살아남기 어려웠을 것이다. 그만큼 보리는 농작물 중에서 중요한 위치를 차지했다. 더구나 논농사를 지을 수 없어 좁쌀로 주곡을 대신했던 제주도 사람들에게 보리는 더욱 절박한 곡물이었다. 허나 보리는 척박한 땅에서는 열매를 맺지 않는 무정한 식물이다. 그래서 제주도 사람들은 집집마다 돼지를 길러 그 똥을 거름으로 삼아 기어이 보리 이삭을 맺히게 했다. 이것이 지도의 저 무수한 점들의 내력이며, 조선시대, 일제강점기의 기록마다 제주도에 돼지 수가 한반도에 비해 압도적으로 많은 이유다.

유채를 거두는
기쁨

　제주의 봄은 유채꽃과 함께 온다. 북서풍의 위세가 아직 가시지 않은 3월에 만발하는 노란 꽃무리는 겨울에 지쳐 봄을 그리는 이들의 마음을 위로하고도 남는다. 그래서 제주를 여행하는 여행자는 누구라도 유채꽃밭 사이에 얼굴을 묻고 사진을 찍을 수밖에 없다.

　그런데 제주의 봄을 상징하는 노란 유채꽃 물결이 제주의 풍경이 된 것은 사실 최근의 일이다. 유채는 1950년대에 일본에서 들여와 농가에서 재배되긴 했지만 소규모였고, 유채 재배가 크게 확대된 것은 1960년대에 이르러서였다. 식용유 수요가 급증하자 정부가 유채 재배를 장려한 것이다. 정부에서 높은 가격으로 수매했기 때문에 제주도 농민들은 너나없이 유채를 심기 시작했는데, 고병문의 일기가 시작되는 이즈음의 일이었다.

　당장 현금이 필요한 농민들은 유채를 수확하기도 전에 정부에서 나오는 돈을 '매입전도금'이란 이름으로 미리 받아 쓰는 경우가 많았다. 사람들은 이 돈을 '유채돈'이라고 했다. 유채돈이 풀리면 보릿고개 넘는 데 힘이 되었다. "봄엔 유채, 가을엔 고구마"라는 말이 있다. 보릿고개는 유채 팔아 넘고, 조 수확만 기다리는 가을에는 고구마 팔아 고비를 넘겼다는 말이다. 그렇게 널리 재배되었던 유채는 식용유 수입이 자유화되면서 1990년대부터 급격히 줄었고, 이제는 관광객을 위한 유료 유채밭도 등장하게 되었다.

한때 농가소득의 일등공신이었던 유채가 이제는 봄의 전령이 되고 유채꽃밭은 봄사진의 명소가 되었다. ⓒ 이혜영

하늘을
읽는 조 농사

지루한 장마가 끝나면
본격적인 여름이 시작된다.
제주도 사람들은
장마가 끝났다고 판단되면
즉시 조 파종에 들어갔다.
조 파종을 위해 장마 전에
미리 잡초를 뽑고 밭을 갈아두었다.
때를 놓치지 않고 파종하느라
제주도는 일시에 소란스러워졌다.
조를 파종하고 나면 반드시
밭을 다져 밟아야 하기 때문에
온 마을의 소와 말과 사람이
다 동원되어 '밧볼리기'에 나섰다.
집집이 돌아가며 수눌음으로 밭을 밟고 나면
이번엔 여름 볕을 받고
쑥쑥 올라오는 잡초에 맞서
끝없는 김매기의 날들이 계속됐다.

ⓒ 홍정표

1964년

7월

7/1 수요일 |흐림|

재초작업 2人 10시간 長男

7/2 목요일 |맑음|

조밭갈기 長男 7시간, 송자네 소 순으러서 밭감.[75]

7/3 금요일 |맑음|

조파종, 좁씨 3승, 밭 밟으기[76]

長男 어제 순은값으로, 밭 밟어주러 갔다. [77]

7/4 토요일 |맑음|

고구마줄 끝이기 2인 4시간[78]

소 찾아보기[79]

공동목장의 소들 ⓒ 홍정표

75 조밭의 파종 전날 송자네 소를 빌려 두벌갈이를 했다.

76 좁씨 3되를 파종하고 밭을 밟았다. 조를 파종한 밭은 '처남동산'의 1,000평 밭이다. 여기 좁씨 3되를 뿌렸다. 보통은 300평당 좁씨 1되, 토질이 낮은 밭은 1되 반을 뿌리는데, '처남동산밭'은 토질이 좋아 1되가 채 안 되게 뿌렸다. 좁씨 파종은 장마가 끝나는 소서(7월 7일) 무렵에 이루어졌다. 장마를 피하지 못하면 기껏 뿌린 좁씨가 녹아 발아하지 못해 농사를 망치게 되니 장마의 끝을 가늠하는 일은 그만큼 중요했다. 또한 조 농사의 가장 중요한 단계가 '밭밟기'다. 화산회토는 푸석한 '뜬땅'이어서 작은 좁씨는 헐거운 흙 사이에서 금방 말라버려 발아하기 어렵다. 그래서 소나 말을 몰아 밭을 단단하게 다져주어야 땅의 습기를 유지할 수 있었다. 이렇게 밭을 밟는 것을 '밧볼리기'라고 했다. '밧볼리기'는 제주도 토질에 따른 특유의 농법이다.

77 전날 송자네 소를 빌린 값을 조밭을 밟아주는 것으로 갚았다.

78 본인과 장녀 2인이 고구마 순을 심기 위해 모종판에서 키운 고구마 순 줄기를 끊어 준비했다. '끄치다'는 '끊다'의 제주말이다.

79 고병문이 공동목장에 풀어놓은 소를 보러 다녀왔다. 들판의 풀들이 왕성하게 자라는 6월부터는 소를 공동목장에 놓아 길렀다. 테우리가 소들을 관리하고 있지만 소 주인들은 자기집

보리쌀 2斗, 쌀 1두1승, 겨 4승, 품 1승[80]

7/5 일요일 | 맑음 |

고구마 심기 長男 6시간 2인 5시간

7/6 월요일 | 맑음 |

채종 팔았음 4斗 2,200원, 品품삯이 550원[81]

**값이 200원, 계돈 100원, 장남 100원

海魚해어 1승에 60원

長男 理髮費이발비 40, 車費차비 17원, 극비 40원, 극비 20

도마도(토마토) 10원, 극비 20원, 차비 20원

고구마 심기 2人 4시간, 육도 재초작업 2人 5시간[82]

7/7 화요일 | 맑음 |

市시에서 옴. 고구마 심기 3시간 2人

7/8 수요일 | 맑음 |

집에서 잠잠. 2人 文三문삼 풀치기 200원[83]

유채 팜, 협동조합에 55kg 2,100원

前道金전도금 1,000원, 가마니 50원, 사친회비 350원[84]

리세 50원, 출자금 100원, 文三에게서 100원

소의 건강과 상태를 틈틈이 확인하러 다녔다. 생후 1~2년 된 송아지들은 병이 들어 갑자기 죽는 경우가 적지 않아 특히 신경을 썼다.

80 정미소에서 보리 낟알 2말을 찧어 보리쌀 1말 1되, 겨 4되가 나왔고, 품삯으로 1되를 주었다.

81 무씨 4말을 팔았다. 무씨 타작할 때 일한 조력원의 품삯을 준 것 같다.

82 5월 말에 파종한 육도(陸稻), 밭벼밭의 김을 맸다. 첫 번째 제초인 '초불검질'은 잡초 제거의 목적도 있지만, 밭벼의 간격이 너무 재거난 성긴 것을 고르게 하는 '방골름검질'이다.

83 본인과 장녀가 문삼이네 밭의 풀을 베고 품삯으로 200원을 받았다.

84 농협에 유채를 팔아 전도금을 갚았다. 정부에서 유채 농사를 장려하기 위해 사전에 자금을 빌려주는 전도금을 농가에 풀었고, 유채를 수확하면 되갚았다. 당시에는 유채 값이 좋아 유채 수매상인이 봄에 농사자금으로 미리 빌려주고 유채로 받는 일도 많았다. 이런 돈을 '유채돈'이라고 했다. '사친회비(師親會費)'는 학교에 내는 수업료 월사금을 말한다. 2남의 월사금이다. '출자금'은 농협 출자금이다.

7/9 목요일 |맑음|

구 비료대가 468원

重過石중과석 60kg 728원, 염화가리 20kg 172원[85]

計圓계원 九百円구백원 支出지출

순봉이毋모 재초작업 2人 9시간[86]

작년 꾸어주었든 돈 650円 받음

보리 2되, 쌀 1.2두, 겨 3승, 품 1승

7/10 금요일 |맑음|

육도전에 김매기 2人 10시간

7/11 토요일 |맑음|

육도전 김매기 2人 9시간

친목회 비료대 50원[87]

7/12 일요일 |맑음|

육도 김매기 2人 10시간 長男 5시간

7/13 월요일 |맑음|

文三 김매기 2人 10시간[88]

菜種채종 팔기 2斗 八升, 壹千六百八拾円(1,680원)

85   '중과석(重過石)'은 인산비료, '염화가리'는 칼륨비료를 말한다.

86   순봉이 엄마가 작년에 꾸어갔던 돈을 갚으면서 이자 삼아 김 매기를 한 것이라 한다.

87   친목회에서 공동으로 농사를 짓는 땅이 있었는데, 여기 필요 한 비료 대금을 냈다. 함께 지은 농사는 밭벼였고, 같이 떡을 만들어 먹을 목적이었다.

88   어머니와 여동생이 문삼이네 밭에 김을 매주었다.

여름 김매기. 따가운 햇볕을 가리기 위해 삿갓을 쓰고 김을 매는 여자들 뒤로 애기구덕에 눕혀놓은 아기에게도 천으로 그늘을 드리워 주었다. ⓒ 홍정표

7/14 화요일 |맑음|

콩 김매기 2人 10시간, 고용인 10시간

7/15 수요일 |맑음|

英順영순 雲文영문 20원 여름공부 冊代서대

콩 김매기 2人

보리쌀 2斗, 쌀보리쌀 1斗, 品 1승, 겨 1되

7/16 목요일 |맑음|

200원 出

운문 下衣하의 120원, 長男 속옷 40원

가루포대 2개 86원, 해어 30원, 殘잔 24원

콩田 김매기 2人

7/17 금요일 |맑음|

콩 김매기 3 10시

7/18 토요일 |흐림|

콩 김매기 3인 8시

7/19 일요일 |흐림|

父 借用金차용금 200원 지출[89]

89 아버지에게 빌린 200원을 갚았다.

90 지난해에 정부에서 빌렸던 '대여미'를 갚고, 그 운반비로 100
    원을 지출했다. 1961년 박정희 군사정권이 들어선 이후 농민
    생활 안정화라는 명목으로 춘궁기 때 '대여미'를 빌려주고 가
    을에 받는 제도를 운영했다. 하지만 조선시대의 '환곡미'처럼
    폐단이 있었는데, 지역에 따라 1가마를 빌리면 1.5가마를 갚
    아야 할 정도로 이자가 높았지만 농민들은 어쩔 수 없이 '대여
    미'를 대여받았다.

91 멥쌀은 제사를 위한 것이다.

海어 1升 60, 계돈 80원

대여미 63년분 4斗 3승, 運費운비 100円[90]

7/20 월요일 |흐림|

피용노동 長女 김매기 10

本人 조 김매기 9시

7/21 화요일 |흐림|

멧쌀 160원 2승[91]

조전 김매기 2人 9시

편지 2매 부침 8원

7/22 수요일 |맑음|

조밭 김매기 3인 9시

보리쌀 2斗, 쌀보리쌀 1두, 품 1승, 겨 4승[92]

7/23 목요일 |맑음|

콩전 2인 10시, 조력원 여 10시

라듸오대로 1,000 지불[93]

7/24 금요일 |맑음|

祭祀제사

92 보리 두 말을 정미소에서 찧어 보리쌀 1말, 겨가 1되 나오고, 방아 품으로 2되를 냈다.

93 고병문이 제대하며 사온 라디오라고 한다. 외상으로 샀다가 1,000원을 갚았다. 며칠 뒤 500원을 더 갚고, 앞으로도 여러 차례에 걸쳐 갚게 된다. 일기에는 정확히 나오지 않지만 실제 라디오 값은 무려 5,000원이었다고 한다. 하루 품값이 보통 100원 정도고, 고병문 가족의 한 달 지출 금액이 2,000~8,000원인 것을 생각하면 당시 라디오는 엄청난 고가의 전자제품이었다. 청년 고병문이 얼마나 음악을 사랑하는 사람이었는지 짐작할 만한 대목이다.

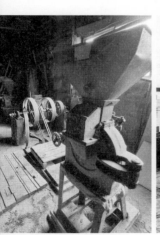

조천정미소. 일제강점기인 1935년에 문을 열어 2003년까지 운영되다 문을 닫았다. 건물과 기계는 지금도 자리를 지키고 있다. 곡식을 도정하고 빻느라 수많은 사람들이 드나들었을 마당은 고요하다. ⓒ 이혜영

長女 김매기 피용노동 10

冊서값 82원 교과서

7/25 토요일 |맑음|

사장밭 김매기 2인 10시 長男 5시간[94]

7/26 일요일 |맑음|

김매기 3인 10시 사장밭

文三家문삼가에서 200원 入 김맨 품[95]

보리쌀 2두, 쌀보리쌀 1두, 품 1승, 겨 4승

7/27 월요일 |맑음|

콩田 김매기 3인 3시간

육도전 3인 7시간

부주 50원

7/28 화요일 |맑음|

라듸오 대금으로 500원 지출

김매기 2인 7시

피용노동 물닦기[96]

7/29 수요일 |비|

94 '사장밭'에 있는 조밭의 김을 맸다.

95 7월 13일에 본인과 장녀 두 사람이 문삼이네 밭 김을 맨 품삯 200원을 받았다.

96 본인과 장녀가 마을사람들과 함께 선흘에서 가장 큰 '물통'인 '반못'을 닦았다. 선흘 일대에는 묽은 용암이 흐르며 굳어 빗물이 스며들지 않는 지형이 곳곳에 형성되어 크고 작은 '물통'을 이루고 있다. 비가 많을 때는 100여 개에 이르기도 했다. 새벽마다 어머니들은 물허벅을 지고 두세 번 물을 길어놓는 것으로 하루를 시작했는데, 이 물이 있었기에 사람이 먹고, 빨래하고, 소와 말을 놓아 기르며 물을 먹일 수 있었다. 그래서 식수로 쓰는 물통의 유지 관리는 마을 공동의 중대사였다.

반못. 선흘곶식당 입구에 있는 연못이다. ⓒ 이혜영

7/30 목요일 |흐림|

本人 김매기 7시

자리(해어) 300원 6승 부식용**97**

7/31 금요일 |흐림|

本人 김매기 長女 김매기

전달에서 넘어온 돈 35원

이달에 들어온 돈 7,030원

이달에 나간 돈 6,803원

다음달로 넘어갈 돈 227원

이날은 1년에 한 번, 반못을 사용하는 웃선흘 사람들이 모여 바닥의 찌꺼기를 걷어내고 물이끼를 닦는 날이다. 이는 이 물을 먹는 모든 사람들의 마땅한 의무였다.

97 '자리'(자리돔) 6되를 샀다. 자리젓을 담을 용이다. 자리돔은 제주도 바다에 무리지어 사는데, 가을·겨울 동안 살이 **빠졌던** 자리는 바닷물이 따뜻해지는 5월이 되면 살지기 시작한다. 이때부터 제주도 사람들은 집집마다 자리젓을 담기 시작한다. 수온이 먼저 오르는 모슬포, 법환, 보목 등 남쪽 해안가에는 이때부터 '봄자리'가 잡혀 올라온다. '봄자리'는 **뼈**가 여리고 부드러워 회로 먹기도 좋다. 6월이면 제주도 전역에서 자리를 잡게 되는데, 여름이 다가와 서귀포 자리들이 몸집이 커지고 **뼈**가 억세지는 7월 즈음, '북촌자리'는 이름을 떨치기 시작한다. 북촌포구와 다려도 사이에서 뜨는 북촌자리는 알을 밴 '여름자리'다. 지금도 북촌자리의 명성이 남아 선흘 어르신들은 북촌자리를 최고로 친다.

조 파종의
경지

   1960년대까지 제주도 사람들은 봄·여름으로는 보리밥을 먹고, 가을·겨울로는 보리와 조를 섞은 밥을 먹었다. 보리가 떨어지면 조로만 지은 밥을 먹는 수도 있었다. 조는 '모인조'(메조), '흐린조'(차조) 두 종류가 있는데 모인조는 찰기가 없이 흩어져 먹기가 괴로웠다고 한다.

1932년 조 농사 분포도, 〈농사시험장휘보〉

   〈농사시험장휘보〉의 1932년 한반도 조 농사 분포도는 벼농사로는 충분한 식량을 확보할 수 없는 지역을 보여주고 있다. 이렇게 황해도와 제주도에서 집중적으로 조 농사를 지어왔다.

   보리는 거름만 든든하게 해준다면 잘 자라주었지만 조는 파종부터 걱정이 많았다. 보리밭에 넣은 거름기가 남아있어 조 성장에 도움이 되기도 하고 수확과 파종 시기가 딱 맞아떨어져 보리를 수확한 밭에 다시 조를 심는 경우가 많았다. 그런데 시기가 문제였다. 음력 6월 초가 조 파종의 적기인데, 이때는 장마가 오는 때이기도 했다. 일찍 파종하면 수확은 좋을 것이지만 싹이 나 뿌리를 내리기 전에 장마가 와버리면 힘들게 뿌린 좁씨가 다 씻겨나가거나 썩어버릴 것이요, 장마가 지나고 너무 늦게 파종하게 되면 수확이 좋지 않을 수 있으니, 이래도 걱정 저래도 걱정이었다.

수확이 적더라도 안전하게 장마가 끝난 뒤 좁씨 파종을 하는 경우가 많았는데, 이런 조 농사를 '마갈이'라고 했다. 마갈이에서는 장마가 끝났는지 어떤지를 가늠하는 것이 관건이었다. 이렇다 보니 제주도에는 지역마다 장마가 시작되고 끝나는 때를 가늠하는 방법이 다양하게 전승되었다. 초여름에 활짝 피어 향기를 뿜던 치자꽃이 장마가 끝나면 어느새 다 지는 것을 깨달은 제주 사람들은 치자꽃을 장마에 피는 꽃이라 하여 '마꽃'이라 부르며 장마 가늠으로 삼았다. 또 조밭을 밟으며 부르는 '밧볼리는 소리'에도 장마 가늠하는 내용을 빠뜨리지 않았다.

수산봉에 뜬구름은 비가 올 먹구름이 아니더냐
산고지에 두른 해는 마가 가두와 가는 근본이더라
저 산날에 안개가 끼면 장남 두일내 열나흘 논다 허는구나
사라봉 꼭대기에 벳이 나면
중의 머리가 벗어진다 허는구나
물미오름 뜬 구름은 날씨가 좋아가는 구름이 아니더냐
- 조천읍 북촌리 이영숙

93

그냥 '산'이라고 하면 대개 한라산을 이른다. 한라산 꼭대기에 안개가 끼면 이틀 안에 장마가 시작되어 장남이 14일을 놀게 될 것이며, 지금의 제주시 화북동에 있는 사라봉 꼭대기에 볕이 나면 남자 여름 홑바지인 '중의'를 벗어버릴 정도로 장남이 땀흘려 일하게 될 것이라는 이야기다.

> 영주산 꼭대기에 구름이 끼면 당일에 비가 온다 허는구나
> 토산 냇바르에 절소리가 일면 세 시간 내에 비가 온다 허는구나
> 산방산 꼭대기에 번들구름이 솟아오르면
> 장마가 걷어온다 허는구나
> **– 남원읍 신흥리 김만권**

> 한라산에 산목 쫄르민 사흘 안네 비가 온뎅 헌다
> **– 남원읍 위미리 김원호**

남원과 대정 일대의 '밧볼리는 소리'에서 자주 등장하는 대목이다. 영주산은 한라산의 다른 이름이며, 한라산 꼭대기에 구름이 끼면 당일에 비가 오고, 한라산 꼭대기 바로 밑에 구름이 끼어 산목이 잘리면 사흘 안에 비가 온다는 것이다. 서귀포시 표선읍 토산리에는 송천이라는 내천이 흘러 바다와 만나는 곳을 내와 바르(바다)가 만난다 하여 '냇바르'라고 불렀다. '절소리'는 파도 소리다. 냇바르에 파도 소리가 높아질 정도면 남쪽에서 올라오는 더운 바람과 물결이 심상치 않다는 신호로 '세 시간' 안에 비가 온다고 한다. 사흘, 당일, 세 시간 등 놀

라울 정도로 선명하고 긴박하다. '번들구름'은 명확치는 않으나 번개가 쳐 그 빛에 번들번들해지는 모습을 표현한 것으로 보이며, 그것을 장마가 끝나가는 신호로 보았던 모양이다.

여든 넘은 어른들께 여쭈면 누구라도 이런 날씨 가늠하는 방법 몇 개는 줄줄이 풀어낸다. 어르신들의 날씨 가늠은 종종 기상청의 수퍼컴퓨터를 능가해 적중하곤 하는 것을 우리는 모두 알고 있다. 날씨 가늠의 말이 이렇게나 명확하고 선명한 것은 대대로 농사를 지어오며 수백 수천 년 동안 쌓인 경험의 데이터가 내놓은 결론이기 때문일 것이다. 또한 얼마나 날씨를 주시하며 농사일 하나하나를 결정해나갔는지, 그것이 얼마나 중대한 일이었는지도 헤아려 보게 된다.

좁씨 파종과
밧볼리기

보리를 수확하고 난 뒤에 곧바로 밭을 한 번 갈아놓았다가 씨를 뿌리기 전날 한 번 더 밭을 갈아놓는다. 미리 갈아두면 땅거죽이 말라버리니 파종 직전에 가는 것이다. 좁씨는 다른 씨앗보다도 습도를 유지하는 데 공을 들여야 한다. 가뜩이나 푸석푸석하고 습기 없는 땅에 그 조그만 좁씨를 뿌리면 흙을 덮어도 흙덩이, 자갈돌 틈새로 바람이 들어 습기가 말라버리니 싹이 트지 않았다. 그래서 흙속에 바람이 들지 않게 다지고 눌러줘야 했다. 그 과정이 제주도 농법의 특징인 '밧볼리기'다.

밭을 밟는 데는 사람, 소, 말이 다 동원되었는데, 발 가진 것은 다 불려나왔다. 하루에 다 밟아야 하므로 '테우리'를 불러 마소떼를 이끌고 오도록 부탁하고, 이웃 사람들의 품도 얻는다.

씨를 뿌리는 사람, 그 뒤를 따르며 '끄슬퀴'를 끌며 흙을 덮는 사람, 어느 정도 흙이 덮여가면 큰 통나무에 나무를 박아 요철을 만든 '남테'를 끌며 땅을 다지는 사람, 발로 밟는 어른과 아이들, 테우리가 몰아가는 마소들이 한데 어울린다. 이 모습이 장관이라 구경 나온 사람들까지 밭가에 늘어섰다고 한다. 밭 주인은 일하는 사람 먹일 '밧볼림밥'을 한솥 해서 밭으로 지어오는데, 품 팔러 온 어머니를 따라온 아기들, 할망 하르방까지 끼어도 내칠 수 없어서 밥 먹일 식구가 만만치 않았다. 이렇게 큰일이고 보니, 장마가 끝난 초여름이면 밭마다 돌아가며 씨를 뿌리고 밭을 밟느라 한동안 시끌벅적 바빴다고 한다.

씨를 뿌리고 나서 3~4일이 지나면 싹이 보송보송 올라왔다. 장마에 잡초들의 싹이 다 녹아버려서 조는 경쟁자들 없이 윤기가 돌 정도로 잘 자랐다. 한 달쯤 뒤부터 두어 차례 김을 매주면 조는 가을까지 탈없이 잘 자랄 것이다.

끄슬퀴를 끌며 흙을 덮는 모습 ⓒ 홍정표

닭 잡아먹는
날

조 파종까지 끝나면 이제 기나긴 김매기의 여름이 시작된다. 봄에 파종한 밭 벼밭과 콩밭에 '검질(잡초)'이 수북하고, 조밭에도 머지않아 어린 조와 경쟁하며 검질이 뾰족뾰족 올라올 것이다. 검질 매기를 게을리하면 가을에 거둘 것이 없게 되니, 이제부터는 눈만 뜨면 나가 검질을 매야 한다. 어린 아기가 딸린 어머니는 '애기구덕'에 아기를 눕혀 밭에 지고 다니며 검질을 맸다. 뙤약볕 아래 여름농사는 사람의 기력을 소진시킨다. 가뜩이나 영양이 부족한 사람들이 여름을 이겨내기 위해 육지에는 복날 풍습이 있다면, 제주도에는 '닭 잡아먹는 날'이 있었다.

집집마다 기르는 소는 밭을 갈고 짐을 운반하고 연자방아를 돌리는 집안의 큰 일꾼이고, 돼지는 보리농사를 위한 거름을 생산하는 일꾼으로 1년 정도 기르면 팔아서 목돈을 마련하거나 집안 잔치에 쓰거나 했으니 함부로 잡을 수 없었다. 그래서 제주 사람들은 이른 봄에 부화시킨 병아리가 중닭이 될 즈음인 음력 6월 22일 '닭 잡아먹는 날'이면 닭으로 기력을 보충했다.

닭을 식구 두 사람에 한 마리 정도 돌아가도록 잡아 가마솥에 삶은 뒤에 고기를 뜯어 먹고 '곤쌀'(밭벼쌀)을 넣어 닭죽을 끓여 먹었다. 닭죽을 먹으면 눈이 밝아질 정도로 기운이 나고 맛있었다고 한다. 닭 꼬랑지를 '미지뼈'라고 했는데, 이 기름덩어리를 지금처럼 떼어내 버리는 것이 아니었다. 음식에 기름기가 부족했던 시절에 '미지뼈'는 귀한 음식이어서 젖 못 먹은 아기들이나 노인들에게 특별히 챙겨 주는 약이었다.

살림이 어려운 집에서는 '닭 잡아 먹는 날'이라도 키운 닭을 집에서 먹지 않고 내다 팔았다. 이때는 제주도 전역에서 닭이 필요했으므로 닭의 수요가 많았다. 닭 한 마리가 '곤쌀' 1말 값이 나갔기 때문에 살림에 보탬이 되었다. 달걀을 모아 팔거나 닭을 팔아 쌀을 바꿔 먹고, 생필품을 마련했다. 닭을 키우지 않는 사람의 품을 빌릴 때는 병아리 한 마리를 품삯으로 주기도 했다.

오일장에 닭을 팔러 나온 할머니 ⓒ 홍정표

자리가
왔다

초여름에 하는 중요한 일 중에는 '자리젓 담기'도 있었다. 제주도 자리철은 5월부터 시작된다. 남쪽 바다에서 따뜻한 물이 올라와 제주바다의 수온이 오르면 자리돔이 살지기 시작한다. 봄에 잡히는 자리돔을 '봄자리'라고 불렀다. 서남단 맨 끝인 가파도 바다가 제일 먼저 따뜻해지니 가파도에서 제일 먼저 봄자리를 잡았다. 봄자리는 차츰 어장이 넓어져 강정, 법환, 보목에서 잡혔으며, 북쪽으로 차귀도, 판포, 한림으로 자리어장이 북진한다. 6월 중순이면 보목, 공천포, 위미앞바다 지귀도 사이에 자리가 몰려드는데, '지귀도자리'는 보목 자리돔축제로 지금도 그 명성을 이어가고 있다. 7월이면 남쪽 자리들은 뼈가 억세어지지만 북쪽 자리들은 한창일 때였다.

제주도 동북쪽 바다인 북촌 앞바다에도 큰 자리어장이 만들어진다. 북촌포구와 다려도 사이에서 잡은 '북촌자리'는 알을 밴 '여름자리'로 이름이 높았다. 초여름이면 자리 장수가 지게를 지고 선흘까지 '북촌자리'를 팔러 왔다. 선흘 사람들은 북촌자리로 한 해 먹을 자리젓을 담았다.

자리철이 되면 중산간 사람들은 자리 장수를 기다렸다. ⓒ 홍정표

제주의
마음, 메밀

조파종을 끝낸 뒤로
목장에 올라간 소들은
한동안 테우리의 보호 아래
온 동네 소들과 어울려 여름을 보낸다.
고생한 소들이 쉬는 여름에도
사람들은 8월 뙤약볕 아래
산듸밭과 콩밭과 조밭을 오가며
김매기를 계속한다.
김매기는 고되지만
제법 바람에 한들거리며
커가는 곡식을 보는 낙으로,
어서 키워서 아이들 먹일 낙으로 하루하루가 갔다.
그 사이 여름 '풋감'으로 갈옷을 장만하고,
마을 사람들이 함께 모여 백중제를 지낸다.
그리고 올해 여름농사의 마지막 파종이 다가온다.
메밀 파종은 다른 곡식과는 또 다른 방식으로
전승되어왔다.

ⓒ 이혜영

1964년

8월

8/1 토요일 |흐림|

김매기 本人 9시간, 長男 김매기 3시간

長女 右贊우찬 작은母田모전에 김매기

병아리 한 마리 대금 100원**98**

8/2 일요일 |태풍, 비|

보리쌀 40ℓ

8/3 월요일 |흐림|

빨래 長女, 本人 김매기 7시간

8/4 화요일 |흐림|

祭事제사

長女 빨래 5시간

本里본리 축구대회에 出出전키 위하여 戶當호당 보리쌀 1승**99**

8/5 수요일 |맑음|

조田 김매기 本人 長女 10시간, 순봉母 퇴품으로**100**

5월달 라듸오 대금 선납으로 주었든 것을 찾음 300원

98 병아리를 사왔다. 일기에는 나오지 않았지만, 7월 28일은 '닭
잡아 먹는 날'이었다. 제주도 사람들은 해마다 음력 6월 20일
이면, 여름 뙤약볕 아래 끝없는 김매기를 앞두고 닭을 먹으며
기운을 북돋았다. 한반도의 복날에 상응하는 풍습인 셈이
다. 기르던 닭을 잡았으니, 새로 병아리를 기르기 시작한 것
같다.

99 선흘리 축구대회가 열렸다. 출전비가 가호당 보리쌀 1되다.

100 밧볼리는 날 순봉이네 말들을 빌렸던 모양이고, 그 값을 갚기
위해 어머니와 여동생이 순봉이네 조밭에서 일해 준 것 같다.

8/6　목요일 |맑음|

本人 김매기 피용노동 할머니 순은값 9시간[101]

마루 넣기 長男, 조력원 7시간[102]

父부 長女 五日場오일장 往來왕래

長男 고무신 85원

本人 60원, 2女 50원, 長女 60원

담배 1갑 6원[103]

다나무시 長女 타기 1,600원[104]

쌀보리쌀 받기 4승 210원

8/7　금요일 |맑음|

本人 김매기 육도 9시간

長女 남의 김매기, 계돈 낼 걸로

마루 넣기 長男 8시간, 조력원 7시간

파랑새 2갑 12원

보리받기 8ℓ 150원[105]

못 100개 20원, 푸대 4개 160원

8/8　토요일 |맑음|

메밀 제초작업 本人 長女 8시간[106]

長男 마루 넣기 조력원 8시간

101   누구네 할머니인지 정확하지 않지만(고병문의 할머니인 것으로 보인다.) 이전에 할머니가 수눌어 일해주었던 것을 갚느라 일해주었다.

102   고병문과 조력원이 집의 마루를 깔기 시작했다. 널빤지를 길게 자른 '널'을 까는 널마루다. 부잣집에서는 '사오기'(벚나무)로 널을 만들었는데 좀이 쓸지 않고 좋았다. 보통은 '소리낭'(소리나무)으로 널을 깔았다. 4·3 전까지는 아름드리 통나무를 톱으로 자르고 켜, 자귀로 깎아 널을 만들자면 많은 시간과 공을 들여야 했는데, 이후에는 일본군이 진지 동굴에 두고 간 합판을 찾아 파는 사람들에게 사거나 정부에서 지원하는 합판으로 마루를 깔았다고 한다.

103   마루를 깔러 온 조력원에게 담배를 제공하는 것은 일을 시키는 사람의 예의에 속했다.

104   '다나무시'는 일본의 상호부조인 '賴母子講(たのもしこう: 타노모시코우)'에서 온 말로 '계'를 말한다.

105   '받았다'는 것은 사왔다는 뜻이다.

106   메밀 파종을 위해 밭을 준비하는 것이다.

8/9 일요일 |흐림|

조밭 발린 품, 김매기, 本人 9시간[107]

長女 배추 파종 田에

長男, 조력원, 마루 넣기 8시간, 담배 1갑 6원

8/10 월요일 |맑음|

本人 長女 콩田 김매기 8시간

마루 넣기 長男 8시간, 조력원 8시간, 담배 1갑 6원

8/11 화요일 |맑음|

마루 넣기 長男, 조력원 10시간

못 100개 20원, 담배 1갑 6원

8/12 수요일 |맑음|

조밭 발리기 품삿 1인 김매기

長女 김매기, 계돈 내기, 담배 2갑 12원

8/13 목요일 |맑음|

北村북촌 가서 점심대 30원

김매기 本人 長女 同業동업콩田전에 김매기[108]

8/14 금요일 |맑음|

長男 이시돌 김매기, 고기값으로 하루[109]

107 7월 3일 조밭을 밟을 때 품앗이해 준 사람에게 품을 갚으러 어머니가 김을 매주러 갔다. 8월 12일까지 이틀을 일해 갚았다.

108 다른 사람과 함께 짓는 콩밭이 있었던 것 같다.

109 이시돌목장에서 김을 매주고 품삯으로 돼지고기를 받아왔다. '성이시돌목장'은 아일랜드에서 온 맥그린치 신부가 가난한 제주도민들의 경제적 자립을 위해 1961년 북제주군 한림읍 금악리에 조성한 실습 목장이다. 제주도 최초의 기업목장이라 할 수 있다. 맥그린치 신부는 농촌산업개발협회를 설립하고 20~30대의 젊은이들을 교육해, 1963년 12월에 지금의 목

선흘에 남아있는 이시돌목장의 테쉬폰. 테쉬폰은 이라크의 테쉬폰이란 지역의 건축양식에서 유래되었다고 한다. 초가집에 비해 건축이 쉽고 저렴하며 바람에도 강해 이시돌목장 조성 당시 농가주택으로 지어졌다. ⓒ 이혜영

메밀 파종 전에 재초작업, 本人 長女 8시간

8/15 토요일 |맑음|

이시돌 목장에 우물파기 長男 10시간 150원

쌀보리 받음 2斗

8/16 일요일 |맑음|

長女 五日場 갔다오기

떡 한 동이 60원, 사과 3개, 강냉이 포대 2개 90원

本人 김매기 조밭에 7시간

선동인 알바매기오름 일대에 첫 개척농가 마을을 조성해 입주시켰다. 지금도 남아있는 '테쉬폰'이 당시 개척농가에게 주어진 원룸형 주택이었다. 개척농가는 농사를 지으며 양돈사업을 시작했는데, 이때 마을 조성 공사나 축사 증축이라든지, 돼지 사육, 농사일 등에 일손이 많이 필요해 선흘 사람들이 이시돌목장에 일하러 다녔다고 한다.

8/17 월요일 |맑음|

메밀 파종 長男 長女 5시, 本人 10시

메밀씨 3승, 비료 2승, 불치 3짐[110]

부주 50원 선인동

골채와 촐구덕
ⓒ 고광민

110 메밀을 파종했는데, 메밀씨 3되에 비료 2되, '불치' 3짐이 들어갔다. 150평 한 마지기에 메밀씨 1말이 들어간다는 다른 예에 견주면 50평 정도의 작은 땅에 파종한 것으로 보인다. '불치'는 불을 때고 남은 재로 메밀의 중요한 거름이 되어주었다. 화학비료가 들어오면서 불치에 화학비료를 섞어 썼다고 한다. 메밀 파종은 다른 작물의 파종과는 방식이 달랐는데, 씨와 거름을 흩뿌리지 않고 씨와 거름을 미리 섞은 것을 고랑 사이에 한 줌씩 떼어 놓는다. 이것을 '좁아놓는다'고 한다. 메밀씨와 비료, 불치에 물을 조금 뿌려 날리지 않게 섞은 뒤에 '글채'(삼태기)나 '출구덕'(허리에 찰 수 있는 작은 바구니)에 담아 매거나 차고 한 손으로 빠르게 고랑에 좁아놓은 뒤에, 소나무 가지를 돌로 눌러 무게를 준 '끄슬퀴'를 끌며 고랑을 덮는 것이다. 메밀 농사는 봄, 가을 두 번 지을 수 있었는데, 가을 메밀은 한 해 농사 중 제일 마지막 농사였다. 그래서 늦둥이를 본 집을 두고 "아이고, ᄆᆞ물농사로구나!" 하고 웃으며 축하하기도 했다고 한다.

8/18 화요일 |맑음|

콩田에 김매기 本人 8시간, 長男 5시간

8/19 수요일 |흐림|

구비료대로 지출 570원[111]

콩田에 김매기 本人 長男 長女 9시간

8/20 목요일 |맑음|

콩田에 김매기 本人 長男 長女 9시간

8/21 금요일 |맑음|

콩田에 김매기 本人 長男 5시간

長女 五日場

술 한 사의다 20원[112], 옷감 무명(갈옷) 200원

해어(오징어) 1개 5월, 전지약 1불 30원[113]

세수비누 1개 20원, 봉초 2개 12원[114]

깨 2승 300원 入

8/22 토요일 |흐림|

갈옷 本人 長男 長女 120원[115]

거름 내기 長男 3시간[116]

111 작년에 쓴 비료 대금을 갚았다. 집집마다 밭 평수에 따라 비료 양이 배정되면 리사무소에서 받아 쓰고 나중에 갚는 식이었다.

112 제사에 쓸 술을 사이다병으로 한 병 사왔다.

113 라디오에 쓸 건전지 1벌을 샀다. 2개나 4개가 한 벌이었다.

114 '봉초'는 담뱃대에 넣어 필 수 있도록 썰어놓은 담배를 말하지만, 여기서는 그냥 담배를 말한다.

115 갈옷 세 벌을 만드는 품삯으로 120원이 들었다. 무명천을 떠다가 바로 맡긴 것으로 보아 무명옷을 만들어 뒤에 감물을 들일 모양이다.

116 '돗통시'에서 돼지똥과 밭볏짚이 뒤섞여 발효된 돼지거름을 꺼냈다.

8/23 일요일 |비|

8/24 월요일 |흐림|

市시에 감.

車費차비 30원, 劇費극비 30원, 회충약 30원

원기소 1병 140원, 봉투지 5원, 사탕 5원

(市에 감. 車費 10원, 劇費 30원, 理髮費이발비 30원

市에서 옴. 車費 20원, 원기소 140원, 봉투지 5원, 사탕 5원,

회충약 30원)

조田 김매기 2인 8시간

8/25 화요일 |맑음|

8/26 수요일 |맑음|

조田 김매기 本人 長女 8시간

길닦이 長男 8시, 기름 타기 65원 반공고**117**

8/27 목요일 |맑음|

길닦기 長男 10시간 육도전 김매기 8시간

등산가기 준비 300원**118**

117　참기름 반 되를 짜왔다. 당시에 기름을 짜주는 집이 함덕에
있었다고 한다.

118　고병문은 친구들과 함께 한라산 등산을 준비하고 있다.

당시 한라산 등산 사진이다. 한라산 등산은 1박2일이 걸리는데, 첫날은 제주시터미널에서 관
음사까지 버스를 타고 가서 등산을 시작한다. 개미목에 이르면 1박을 하고 이튿날 한라산을
등정하는 것이다. 백록담의 세 남자 중 제일 왼쪽이 고병문이다. 고병문이 어깨에 두르고 있
는 것은 5,000원 거금을 투자한 바로 그 라디오다. ⓒ 고병문

1970년대 한라산 철쭉제. 백록담이 인파로 가득하다. ⓒ 제주특별자치도, 공공누리

메밀과
불치

〈세경본풀이〉에서 자청비가 하늘에서 제일 늦게 가져왔다는 메밀은 오곡 중에서도 가장 늦게 파종하는 곡식이다. 실제로 음력 7월 중순에 파종하는 메밀은 조를 거두고, 밭벼, 콩까지 다 거둔 뒤 11월 중순에야 수확하게 된다. 그래서 늦둥이 아기를 낳은 사람에게 "아이구, 모물(메밀) 농사로구나!" 하며 축하의 말을 하기도 했다 한다.

메밀은 보리, 조, 밭벼 등에 비하면 토질을 크게 가리지 않아서 중산간 지역에서도 잘 자랐다. 태풍이 지나고 나서 파종하니 비바람 피해를 염려하지 않아도 되었고 병충해에도 강했다. 그래서 제주도 사람들은 풍년과 흉년의 차이가 큰 보리와 조만으로는 불안하니 가능한 메밀을 많이 심어 끼니의 안정을 도모했다.

메밀 농사의 핵심은 '불치'였다. 불치는 덤불 같은 땔감을 때고 남은 재를 이르는 말이다. 제주도는 육지와 달리 난방과 취사가 분리되어 있다. 아궁이에 불을 때서 밥도 하고 난방도 하는 육지와 달리, 방구들을 때는 '굴묵'과 밥을 하는 '솥덕'이 따로였다. 왜 제주도에서는 이를 분리했을까? 그것은 육지에 비해 따

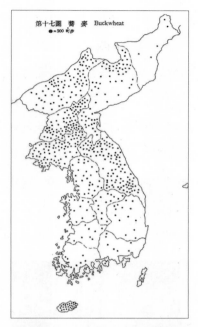

第十七圖 蕎麥 Buckwheat
● = 200 町步

1932년 메밀농사 분포도, 〈농사시험장휘보〉

뜻한 제주에서 구들을 때는 시기는 한겨울 서너 달뿐이기 때문에 이를 분리하는 것이 오히려 효율적으로 땔감을 아끼는 길이었던 것 같다. 굴묵은 방마다 딸려있고, 솥덕은 정지(부엌)에 앉혔다. 오름과 들은 소를 방목하기 위해 봄마다 불을 놓아 모두 목초지였고 돌무더기 땅 위에 이룬 숲인 '곶'에만 나무가 있었기 때문에 귀한 나무를 함부로 베어 땔감을 할 수 없었다. 그래서 틈이 날 때마다 온 식구가 땔감으로 쓸 온갖 잡풀을 걷어오는 일을 게을리할 수 없었다.

일기에 등장하는 검질하기는 바로 땔감을 해왔다는 말이다. 검질은 잡초를 말하는 제주말로 밭의 김을 맬 때도 검질을 맨다고 한다. 땔감으로 하는 검질은 산야에 아무렇게나 자란 들풀을 가리지 않고 베어와 마당에 쌓아놓아야 겨울을 날 수 있었다. 이렇게 굴묵과 솥덕에서 불을 때고 남은 재, 불치는 메밀의 거름이 되어 주었다. 메밀은 불치 거름 없이는 제대로 되지 않았다. 불치통에 불치가 쌓이면 그걸 긁어내 마당에 쌓아놓고 발효시켰다. 음력 7월 중순이면 양력 8월 중순이 넘어 이제 가을로 접어드는 때다. 그때서야 불치 더미를 헤쳐 거기 메밀 씨를 잘 섞어준다. 발효가 된 불치는 적당히 습기가 생겨 풀풀 날지 않고 메밀

씨와 잘 버무려졌다.

불치와 메밀 씨 반죽을 담은 구덕을 어깨에 메고 갈아놓은 밭고랑을 따라 걸어가며 손으로 뜯어 톡톡 던져 메밀을 파종하고, '끄슬퀴'를 끌어 고랑을 덮었다. 일주일쯤 지나면 싹이 올라왔다.

불치의 주성분은 탄산칼륨이다. 칼륨은 식물의 뿌리와 골격을 만들어주고 뿌리의 흡수력을 좋게 한다. 또한 재는 천연 살충제 역할도 했을 것이다. 땔감이 충분치 않으니 어렵게 모은 재를 고랑에 줄줄이 뿌리지 않고 씨와 한덩어리를 만들어 파종함으로써 거름은 아끼면서 메밀 파종량은 늘렸던 것이다.

솥덕의 불치
ⓒ 홍정표

출생과 하직을 함께한
메밀

이렇게 생산한 메밀은 제주 사람과 뗄 수 없는 곡물이다. 이효석의 소설 「메밀꽃 필 무렵」 덕분에 메밀의 주생산지를 강원도로 알고 있는 경우가 많은데, 실제로는 예로부터 지금까지 메밀의 최대 생산지는 제주도다. 제주도 중산간의 가을은 하얀 메밀꽃으로 뒤덮인다. 높은 가을하늘 아래 드넓게 펼쳐진 메밀꽃밭은 숨이 막힐 정도로 아름답다.

제주도 사람들에게 메밀은 일상 음식에도, 의례 음식에도 두루 쓰였다. 메밀을 섞어 짓는 '모멀쏠밥', 맷돌로 껍질을 벗길 때 나온 부스러기 메밀가루로 만드는 '는젱이범벅'(메밀 부스러기를 '는젱이'라고 한다.), 메밀로 만든 수제비 '모멀즈베기', '모멀칼국수', 돼지고기 국물에 메밀가루를 넣어 걸쭉하게 끓인 '몸국', '접작뼈국' 등이 대표적이고, 제사상에 올리는 '빙떡', '돌레떡', '만디', '묵' 등도 메밀로 만든다. 요즘의 메밀 음식에는 밀가루나 찹쌀가루를 섞어 메밀의 참맛을 느끼기는 어려운 것 같다. 메밀의 맛은 매끈하고 깔끔함과는 거리가 있다. 거칠고 씁쓸하면서도 묵직하고 구수한 맛이라고 할까. 밋밋한 것 같으면서도 깊고 따뜻한 메밀 음식을 먹으면 먹을 수록 이것이 제주의 맛이 아닐까 하는 생

망자를 배웅할
원미상을 차려놓고
상여를 기다리는 사람들
ⓒ 강병수

각을 하게 된다.

아기를 낳은 산모의 첫 음식도 메밀이었다. 산모가 아기를 낳으면 육지에서
미역국으로 산후조리를 하듯 제주도에서는 메밀가루를 푼 미역국이나 메밀수
제비 미역국을 먹어 기운을 차렸다. 이를 '무멀조베기'라고 한다. 메밀과 미역이
산모의 피를 잘 돌게 한다고 여겼다. 그리고 메밀은 또 한번 중요한 순간의 음
식이 되었다. 마을에 상이 나서 상여가 장지로 나서며 마을길을 지날 때, 망자
와 가까운 친척이나 특별히 친했던 친구의 집 올레 앞에 다다르면 상여를 잠시
멈추고 고별제를 지낸다. 길가에 마련한 작은 상에는 메밀죽과 술이 차려진다.
벗에게 보내는 마지막 음식이었다. 이 메밀죽을 '원미'라고 하는데, 원미와 술을
망자에게 권하는 것처럼 상여를 향해 뿌리며 마지막 인사를 나누었다. 이렇게
메밀은 제주도 사람들에게 탄생을 맞이하고, 하직을 배웅하는 음식이었던 것
이다.

머슴이 없는
제주도의 백중날

음력 7월 15일은 농경사회에서 전통적인 큰 명절의 하나다. 육지에서는 조상에게 제를 지내고, 바쁜 농사일을 잠시 쉬며 머슴에게 돈을 주고 쉬게 했으며, 잔치를 벌이기도 했다. 하지만 이는 논농사 지역의 풍습으로, 제주도에는 머슴이 없을 뿐더러 밭농사는 백중이라고 쉬어갈 여유가 없었다. 제주도의 백중은 자청비가 오곡의 씨앗을 가지고 세상으로 내려온 날이다. 또한 백중날을 기준으로 여름과 가을을 구분하는데, 이즈음 바닷물이 여름 물길에서 가을 물길로 바뀌기 때문이었다. 이날 마을의 본향당에서는 심방과 마을 부녀자들이 모여 '백중 마불림 굿'을 하고, 목축을 하는 사람들은 목장으로 가서 '백중제'를 지내고 '쉐당'에서 제를 지내며, 사냥을 하는 사람들은 백중날 밤 산으로 가서 산신에게 산신제를 드린다.

제주도에는 '백중제'의 내력에 관한 전설이 내려온다.

옛날 차귀마을에 백중이라는 테우리가 살고 있었다. 하루는 옥황상제가 바다의 거북을 불러 태풍을 불게 하라고 명령하는 말을 듣는다. 테우리는 태풍이 불면 농사와 우마에게 피해가 클 것을 알고 있었으므로 옥황상제의 목소리를 흉

내내어 거북을 불렀다. 거북이 나오자 조금 전 명령은 없었던 것으로 하라고 말한다. 그날 밤 태풍이 불지 않아 그해 농사는 풍년이 되었다. 그런데 백중 테우리는 옥황상제를 속인 죄책감에 스스로 바다에 빠져 목숨을 끊었다. 사람들은 백중이 죽은 날에 제사를 지내 주게 되었다. 그래서 제주도의 백중은 우마를 정성껏 돌보았던 테우리에게 제사를 지내는 날이 되었다고 한다.

'마불림제', '테우리코ㅅ'라고도 불리는 백중제는, 장마가 끝난 후 마(곰팡이)를 날려 보내기 위한 제의 또는 우마의 번성을 위해 축산신 정수남에게 올리는 제의라는 의미를 가지고 있다. 제주시 동회천 새미하로산당의 백중제. ⓒ 김수남, 공공누리

제주 사람의 옷,
갈옷 만들기

한여름 뙤약볕에 바쁘고 지쳐도 갈옷은 장만해야 한다. 갈옷을 새로 물들여야 또 한 해 일을 할 것이었다. 갈옷은 제주 사람들의 노동복이다. 보통 광목으로 지은 한복 바지와 저고리에 감물을 들였다. 이렇게 하면 옷이 가슬가슬해져서 몸에 붙지 않아 입으면 편안하고 시원하며, 땀에도 쉬이 젖지 않고, 천은 오히려 질겨져 잘 해지지 않았으며, 흙먼지나 검불도 타지 않아 물이 귀해 빨래가 어려운 제주도에서 노동복으로는 이만한 것이 없었다.

백중(음력 7월 보름)과 처서(8월 23일경) 사이에 싱그런 감을 따낸다. 함지박에 감을 놓고 찧고 으깨서 감즙을 내고 여기에 천이나 옷을 넣고 주물러 마당이나 돌담에 널어 뒤집어가며 말린다. 마른 옷을 물에 적셔 널기를 몇 차례 반복하면 점점 감물이 올라 갈색의 갈옷이 된다. 갈옷은 볕을 받을수록 점점 색이 짙어져 입다 보면 나중에는 흑갈색이 되는 살아있는 옷이기도 하다.

이제 갈옷은 노동복의 역할을 잃었지만 다양한 디자인으로 재탄생해 좋은 자리에 차려입는 고급옷이 되었다. 용도와 역할이 바뀌었더라도 갈옷은 제주의 자연환경에 너무도 어울리는 제주 사람들의 지혜와 아름다움이 깃든 옷임에 틀림없다.

촐

베는 날들

바람이 바뀌자
풀들의 기세가 꺾이기 시작한다.
가을이 왔다.
9월의 오름과 들은
사람들로 새벽부터 부산하다.
찬바람에 누렇게 쇠기 전에
소 꼴을 베어내려는 낫질이 바쁘다.
그저 여기 저기 잡풀을 베는 것이 아니다.
봄부터 꼴밭에 담을 추스려가며 길러온 것이다.
9월은 단연코 소 꼴을 위한 시간이었다.
추석 명절도 잠깐,
다시 꼴을 베었다.
그 어떤 수확도
이렇게 오랜 시간이 걸리지는 않는다.
소 꼴을 마련하는 일이
왜 이렇게 정성스러웠던 걸까?

ⓒ 홍정표

1964년

9월

9/1 화요일 |맑음|

연료(땔감) 해오기 本人 長女 5시간[119]

油菜유채 대금 받음 350원, 50원 리세[120]로 支出지출

9/2 수요일 |맑음|

벌초하기 3인 5시간

쌀 받기 1과 190원[121]

9/3 목요일 |맑음|

길닦이 長男 9시간 1과 20ℓ[122]

本人 長女 연료 비기 6시간

9/4 금요일 |맑음|

길닦이 長男 8시간

本人 長女 연료하기 5시간

128

119   땔감에 매진해야 할 시기가 되었다. 땔감 '눌'(가리)을 몇 개 쌓아놓아야 겨울을 날 수 있기 때문이다. 땔감은 잡풀, 솔잎, 솔방울, 고사리, 소똥 등을 틈날 때마다 가리지 않고 해왔다. 소를 방목하기 위해 봄마다 불을 놓았기 때문에 산야에는 나무가 자랄 수 없었고, 곶(숲)의 나무들은 숯을 굽거나 목재로 써야 하므로 마을에서 엄격히 관리했기 때문에 나무 땔감은 함부로 쓸 수 없었다.

120   마을회에 내는 세금이다. 세금이라기보다는 회비라고 할 수 있다. 선흘리에서는 1년에 한 번 '리세'를 납부해야 이장 선거에 투표권이 주어진다.

121   며칠 뒤에 있는 제사와 추석 때 쓸 흰쌀을 사온 것 같다.

122   당시 선흘 본동과 선인동을 잇는 길을 넓히는 작업을 했다고 한다. 마을일을 하고 무엇을 1말 20리터 받았는지는 알 수 없다.

검질을 지어오는 엄마와 딸. 아이 어른 할 것 없이 힘닿는 대로 땔감 마련에 나섰다. ⓒ 홍정표

129

9/5 토요일 |맑음|

62년도 種甘外上代종감외상대로 350원 支出지출[123]

제사道도움

1,000원 借用金차용금으로[124]

9/6 일요일 |맑음|

검질 지어오기[125] 本人 長女 7시간

9/7 월요일 |맑음|

검질 지어오기 本人 長女 6시간

9/8 화요일 |맑음|

벌초하기 長男, 本人 남의 출 비기(품 받고)

長女 검질 비기

9/9 수요일 |비|

흙질하기 本人 長男 7시간[126]

123   종감(種甘)은 감저 종자, 즉 고구마 종자를 말한다. 재작년 외
상한 값을 갚은 모양이다.

124   누구에게, 왜 빌렸는지는 기억하지 못한다.

125   쇠 등에 '질매'(길마)를 지워서 땔감으로 쓸 잡풀을 실어 날랐
다. 식구가 6명인 고병문 가족의 경우 한 해에 땔감 700~800
뭇이 들었다고 한다.

126   '흙질하기'는 집을 짓거나 수리할 때 흙을 물에 이겨 바르는
작업을 말한다. 겨울이 오기 전에 틈틈이 헐어진 흙벽을 수리
했다.

집의 흙벽을 바르기 위해 흙을 이기고 있다. © 제주특별자치도, 공공누리

大3와 쌀보리 정미소[127]

9/10 목요일 |맑음|

졸비기 3인 9시간[128]

9/11 금요일 |흐림|

졸비기 3인 8시간

9/12 토요일 |맑음|

졸비기 3인 6시간, 묶으기 3인 5시간(580못)

9/13 일요일 |맑음|

졸비기 3인 6시간, 묶으기 3인 4시간(240못)

長女 계돈 내기 160원

9/14 월요일 |맑음|

졸 묶으기 3인 5시간 300못, 졸비기 3인 4시간

9/15 화요일 |맑음|

졸 묶으기 개왈 200못 4시간, 졸 베기 3인 4시간

9/16 수요일 |맑음|

127   조선시대에 도량형이 지역마다 달라 혼란이 생기자 1446년 (세종 28)에 도량형을 통일했는데, 이때 관에서 지정한 되가 그동안 쓰던 되보다 작았다. 이후로 두 가지가 혼용되어 관에서 쓰는 되를 '관되(官升)', 이전부터 쓰던 되를 '식되(食升)'로 구별해 부르게 되었다. 식되로 10되인 1말은 大斗(대두), 관되로 10되인 1말은 小斗(소두)가 된다. 1960년대까지도 단위가 혼용되다 보니 정확한 양을 가늠하기가 어렵다.

128   '촐'(꼴) 베기가 시작되었다. 촐은 9월 중순 즈음 바람이 북서풍으로 바뀌면 베기 시작한다. 찬바람이 불면 '자골'(차풀)의 성장이 멈추니 최고로 양분이 올랐을 때 서둘러 베어 말려서 저장했다가 겨우내 소를 먹였다. 고병문네의 '촐왓'(꼴밭)은 '섶서리왓', '개왓', '끈술', '최선밭'이었다.

출 묶으기 끈술 200뭇 2인 5시간, 출 비기 4시간

上衣상의 100원, 熙文희문 60원, 쌀 2승 150원, 海해어 40원

쌀보리쌀 6승 팔아서 300원

후라시 빠데리 30원, 비누 10원[129]

9/17 목요일 |흐림|

출 묶으기 380뭇 6시간, 출비기 3시간

9/18 금요일 |비|

소 잊어가버림하다.[130]

선흘리 몰할망
ⓒ 고병문

129 오일장에 가서 쌀보리 6되를 팔아서 추석에 쓸 흰쌀 2되 등 여러 물건을 샀다. 상의는 추석에 입을 새옷인 모양인데 누구 것인지 나오지 않고, 막내 희문의 상의도 산 것 같다.

130 풀어놓았던 소를 잃어버렸던 모양이다. 소를 잃어버린다는 것은 지금으로 치면 차를 잃어버린 것과 같이 큰 낭패였다. 소를 잃어버리고 금방 찾으면 다행이지만 그러지 못하게 되면 제주도 사람들은 다른 방법에 의지하기도 했다. 소를 많이 기르는 마을에는 '쉐당'이 있는 경우가 있는데, 서귀포시 성읍리에는 지금도 '쉐당'이 남아있다. 소를 잃어버린 소 주인은 떡과 술을 마련해 쉐당에 가서 소를 찾게 해달라고 빌며 정성껏 제를 지낸다. 그리고 신에게 올렸던 떡을 떼어내 멀리 던진다. 그러면 까마귀가 와서 떡을 물고 날아가는데, 그 방향으로 가면 소를 찾을 수 있었다고 한다. 제주시 행원리에서는 새 짚신을 신고 쉐당에 가서 정성껏 제를 지내고 소를 찾으러 나가면 짚신이 소가 있는 곳으로 이끌어 주어 소를 찾을 수 있었다고도 한다.

선흘리에는 일기가 쓰인 당시에 '물 할망'이라는 사람이 있었다. 이 '말할머니'는 잃어버린 소나 말이 어디로 갔는지 잘 맞혔다고 한다. 선흘뿐 아니라 인근 마을들에도 이름이 나서 당시에 소나 말을 잃어버린 사람들이 자주 찾아왔다고 한다. 남편과 함께 말을 많이 기르는 분이었는데, 들판에 나가 이 할

9/19 토요일 |비|

돼지고기 3근

9/20 일요일 |흐림|

秋夕추석**131**

9/21 월요일 |흐림|

촐비기 3인 5시간

長女 계돈 내기 100원, 보리쌀 小斗 9斗**132**

9/22 화요일 |흐림|

남이 촐비기**133**

9/23 수요일 |흐림|

崔仙田최선전 촐비기 3인 5시간 묶으기(비 맞은 것)

9/24 목요일 |흐림|

촐 묶으기 2인 5시간 本人 長男

9/25 금요일 |맑음|

촐비기 3인 8시간, 묶으기 500뭇

머니가 말을 부르는 소리를 내면 보이지 않던 말이 나타났다
고도 한다.

131 추석이 이렇게 한창 촐 베는 시기와 겹치게 되면 이틀 정도만
제수 장만과 제사로 보내고 이내 일을 계속해나갔다.

132 관되로 10되가 小斗(소두)다.

133 제주도에서는 조사 '의'를 '이'로 말한다. 남의 집 꼴을 베었다
는 말이다.

134 베어낸 촐의 일부를 실어오려고 소를 데려왔다가 공동목장에
다시 데려다놓았다.

9/26 토요일 |맑음|

촐비기 3인 8시간

9/27 일요일 |비|

소 놓으려 갔다옴[134]

어제 저녁 집에 와서 집에서 놈, 오늘 송별회 광수[135]

9/28 월요일 |비|

午前오전 집에서 놀다.

長女 五日場 갔다옴. 돼지새끼[136], 2남 신발 50원

9/29 화요일 |맑음|

목초 되쓰기 長男 4시간[137], 本人 남의 목초 묶으기

一進送別會일진송별회 一人当1인당 50원[138]

9/30 수요일 |맑음|

목초 묶으기 長男 長女 6시간 280뭇[139]

本人 남의 목초 묶으기 100원入입

100원 借用차용, 200원 農林部농림부에 返納반납[140]

135 마을 친구 부광수가 곧 군입대하게 되어 어제 저녁 고병문의 집에서 놀고, 오늘 송별회를 했다.

136 오일장에 가서 새끼 돼지를 사왔다.

137 이틀 동안 비가 내려 밭에 널어놓은 '촐'이 젖어서 뒤집어놓았다. 여기서는 촐을 목초라고 했고, '되쓰기'는 '뒤집기'의 제주어다.

138 며칠 전 부광수의 송별회 비용으로 50원을 냈다. 부광수는 친목회인 일진회의 회원이다.

139 9월 10일부터 21일 동안 2,680뭇의 '촐'을 베고 묶었다. 선흘 에서는 소를 6월부터 11월까지 6개월은 방목하고 12월부터 5 월까지 6개월은 집에 매어놓고 길렀다. 소 한 마리가 하루에 촐 5뭇 정도 먹어야 했는데, 한 달이면 150뭇, 6개월이면 900 뭇이 필요했다. 2,680뭇이면 소 3마리를 먹이기가 빠듯했다. 고병문의 집에서는 보통 소를 3~4마리 길렀기 때문에 이렇게 촐을 마련해도 늘 여물이 부족했다. 촐 대신 '조남댕이'(조짚) 를 주기도 했고, 그도 없으면 굶는 날도 있었다. 어린 시절 소 년 고병문은 겨울이면 소를 굶길까 봐 얼마나 걱정을 했는지 소 여물을 주려는데 촐이 하나도 없어서 어쩔 줄 몰라하는 꿈 을 자주 꾸었다고 한다. 팔십이 넘은 지금도 한 번씩 그 꿈을 꾸고는 깜짝 놀라 일어날 때가 있다.

140 무슨 내용인지는 기억나지 않고, 농림부에 200원을 반입하기 위해 100원을 빌려 냈다.

소들의 땅
제주도

9월은 '촐'로 보내는 시간이다. 고병문의 가족들은 9월 10일부터 촐을 베기 시작해 베고, 묶고, 싣기를 반복해 11월 21일에야 촐싣기를 끝낸다. 촐이란 무엇인가? 촐은 소의 먹이인 꼴을 이르는 제주말이다. 그런데 소 꼴 베노라고 한 달 열흘을 다 보내다니? 여기에 제주도 농사일의 중요한 특징 두 가지가 담겨 있다.

첫 번째는 볏짚이 없다는 것이다. 육지 같으면 가을에 널리고 널린 볏짚을 겨우내 소에게 먹이면 될 것을, 논농사를 짓지 못하니 소 먹을 것을 따로 생산해야 해서 이렇게 고생을 했던 것이다.

그리고 두 번째 특징이 육지와는 비교할 수 없을 정도로 소가 중요했다는 점이다. 전 세계 어디서나 소는 농업의 중요한 노동력으로 농가에서 길러왔고, 한반도도, 제주도도 마찬가지였다. 소는 땅을 갈고 고랑을 내는 쟁기질을 하고, 수확물을 비롯한 무거운 짐을 운반하고, 연자방아를 돌리는 등 장정 서너 사람의 노동력을 발휘했고, 그 똥은 연료도 되고 거름도 되었으니 농경사회에서 소의 중요성은 절대적이었다.

일제강점기에 조사된 소의 분포를 보면, 『제주도세요람(1939)』에는 1938년

기준 제주도의 가구 수는 49,264호, 소의 두수는 39,786마리로 기록되어 있다. 통계청에 따르면 1938년 조선 전체 가구 수는 487만 8,901호, 소의 두수는 70만 마리로 되어있다. 제주도는 가구당 0.8마리의 소를, 조선 평균으로는 가구당 0.14마리의 소를 기르는 것이 된다. 이는 제주도가 조선 평균보다 5.7배나 많은 소를 기르고 있었음을 보여준다.

제주도에는 소가 조금 많은 정도가 아니라 육지보다 5.7배가 많은 소를 키웠던 것이다. 일기가 쓰인 이때도 제주도에서는 거의 모든 집에서 소를 길렀다. 1970년대에 경운기가 농가에 보급되고, 본격적인 화학비료, 농약 농사로 전환되기 전까지 1960년대에도 소에 의지한 농사는 그대로 지속되었다. 3세기 중국의 역사서인 『삼국지위서동이전』에도 "제주도 사람들은 소와 돼지 키우기를 좋아한다."고 기록된 것을 보면 제주도에서 소를 압도적으로 많이 기른 역사는 최소 2천 년 전으로 거슬러 올라가는 것이다. 제주도 사람들은 왜 이토록 많은 소를 길렀던 걸까?

제주도의 화산회토는 습기가 없어 딱딱하게 굳어 있고, 돌이 많아 땅을 일구기가 혹독했다. 사람의 힘만으로는 어려운 일이었다. 또한 밭농사 위주라 다양한 농작물을 재배해야 하니 한겨울을 제외하고는 이른 봄부터 늦가을까지 내내 밭을 갈고 수확물을 실어오는 일이 반복되었다. 육지보다 소의 쓰임이 훨씬 많았던 것이다. 집집마다 소를 기른 또 하나의 중요한 이유는 보리농사 거름을 마련하는 데도 있었다. 앞서 말했듯 보리는 거름 없이는 이삭이 열리지 않았기 때문에 보리 거름을 마련하는 것은 그만큼 절박한 일이었는데, 돼지의 똥에 소똥을 보태어야 양도 많을 뿐더러 발효도 순조로왔다.

그러니 농가마다 소를 길러야 했는데, 제주도의 오름과 들판은 소를 방목하기에 제격이었다. 다만 풀이 없는 겨울을 나는 일이 난관이었다. 그래서 제주도 사람들은 소의 겨울 양식을 여름 동안 길렀고, 가을이면 소 꼴을 베고 비축하느라 온 제주도가 분주했다. 소 꼴을 기르는 밭을 '촐왓'이라 했는데, 촐왓은 일반 농작물 밭보다 먼 곳에, 거친 땅에 마련했다. 소 꼴로 주로 '자골'(자귀풀)을 키웠는데, 제주에서는 소한테 여물을 쑤어주는 일은 없고, 생풀을 그냥 먹였다. 땔감을 구하기 어려워 소 먹이를 끓이기까지 할 여유가 없었을 것이다.

1 남자아이들은 아주 어릴 때부터 소를 돌보는 책임을 맡았다. ⓒ 홍정표
2 15살 무렵이 되면 혼자 소를 이끌고 밭을 갈았다. ⓒ 홍정표
3 소와 사람이 어울려 거름을 밟았다. ⓒ 홍정표
4 연자방아를 돌리고, 무거운 수레를 끄는 일은 소에게도 힘든 일이다. ⓒ 홍정표
5 소가 네 살 정도 되면 밭갈이를 가르친다. 부드러운 모래밭에서 쟁기를 메우고 밭가는 일을 가르치고 있다. ⓒ 제주특별자치도, 공공누리
6 1962년 제주시에서 열린 밭갈이 경진대회. 빠르게 밭을 가는 능력을 겨루었던 모양이다. ⓒ 제주특별자치도, 공공누리

소의
봄 여름 가을 겨울

봄부터 초겨울까지는 소를 산야에 풀어놓고 길렀다. 주로 청명(4월 5일경)이 기점이 되었는데, 추위가 물러간 지는 오래지만 청명이 되어야 소가 뜯을 수 있을 정도로 풀이 자라기 때문이었다. 소는 아래턱에만 이빨이 있어 풀을 끊어 먹지 못하고 혀로 감아 말 그대로 뜯어 먹는다. 청명이 되어야 비로소 산야의 풀이 소가 먹을 만하게 되었다. 그리고 대설(12월 8일경)이 되면 다시 외양간에 매어놓고 겨울을 났다.

그 많은 소들을 방목해야 하니 제주도 중산간 대부분 지역은 방목지였다. 밭으로 일군 땅, 돌무더기 위에 자란 나무들의 숲인 '곶'을 제외하고는 들판도 오름도 거의가 방목지였다. 방목할 땅이 없는 마을은 중산간 마을의 땅을 사서 어떻게든 방목지를 만들었다. 그래서 지금도 용눈이오름은 하도리의 방목지로, 아끈다랑쉬오름은 세화리의 방목지로 남아있다. 나무들이 자라면 그 그늘에 풀이 자라지 못하니 겨울이 오면 해마다 오름과 들에 불을 놓아 나무의 성장을 방지했다. 이를 제주도 사람들은 방화를 한다는 뜻으로 '방에 놓는다'고 했다. 박정희 정권이 대대적인 녹화사업을 시작하기 전인 1970년대 초반까지 제주도의 풍경을 상상해보면 조밭, 보리밭, 메밀밭 뒤로 뼈대를 드러낸 산야가 미끈하게 선을 그리며 펼쳐지고 그 위로 눈 닿는 어디에나 풀을 뜯는 소들이 보였을 것이다.

거의 모든 집에서 소를 길렀으니 소 기르기는 마을공동체 공동의 문제가 될 수밖에 없었다. 소를 방목하는 4~11월은 농사일만으로도 정신없이 바쁜 때라 소를 돌본다고 집집마다 한 사람이 매달리는 것은 큰 손실이니 공동으로 소를 보살피는 방법을 선택했다. 그 방법도 여러 가지로 발달했는데, 4월부터 조 파종 직전인 6월 말까지는 이웃끼리 계를 짜서 소 30마리 정도 규모로 함께 길렀다. 이를 '쉐접'이라고 했다. 소 주인들이 날마다 한두 명씩 당번을 정해 돌아가며 소를 돌봤다. 이때는 낮에만 소를 놓아 먹이고, 해가 지면 각자 집에 매었다. 이 시기는 밭을 갈거나 수확물을 운반하는 일이 촘촘할 때니 언제라도 집에 데리고 와 일을 하기 좋게 가까운 곳에서 작은 규모로 소를 돌봤다.

조 파종이 끝나고 7월 중순이 되면 소들은 마을 공동목장이나 이웃 마을 목장으로, 또는 산촌 '테우리'들에게 보내졌다. 테우리는 직업적으로 소나 말을 치는 사람을 이르는 말로, 쉐테우리, 말테우리로 구별해 부르기도 했다. 말목장이나 테우리에게 소 돌보는 값, 즉 삯을 물기로 하고 맡겼기 때문에 이때의 소를 '삯쉐'라고 했다.

소의 먹이인 촐(꼴) 수확이 시작되는 9월 중순이 되면 삯쉐 맡겼던 소를 데리고 왔다. 이제 촐 수확, 조 수확, 콩 수확 등 가을걷이가 줄줄이 기다리고 있고, 가을걷이를 끝낸 그루밭은 소 먹이 천지였다. 가을의 방목지는 밭이 되어주었다. 이때부터 11월까지는 소들을 밭에 풀어놓고 기르는데, 소 주인들은 아직 가을걷이를 하지 않은 밭에 소들이 들어가지 못하도록 돌아가며 '번'을 섰다. 그래서 이때의 소를 '번쉐'라고 한다. 가을걷이를 끝낸 밭의 주인들은 소가 들어와 풀을 뜯도록 밭담 한쪽을 허물었다. 소들이 잡초를 뜯어 먹으면 내년 잡초가 줄어들어 좋고, 그러다 똥을 누면 거름이 되어 더 좋았다.

이 밭 저 밭 다니며 마음껏 풀을 뜯던 소들은 눈이 오기 시작하면 알아서 자기 집을 찾아 들어갔다. 이제 '쉐막'(외양간)에서 촐을 먹으며 겨울을 견디면 또 부드럽고 달짝지근한 새 풀을 맛볼 봄이 찾아올 것이다.

ⓒ 홍정표

소와
밭담

제주도 자연과 삶을 고스란히 품고 있는 제주도만의 풍경 가운데 '밭담'이 있다. 밭담은 말 그대로 밭을 에워싼 담이다. 밭을 일구며 나온 검은 현무암으로 쌓아 올린 밭담은 돌이 많은 동쪽 지역은 높고 상대적으로 돌이 적은 서쪽은 낮은 경향이 있다. 그런데 이 밭담이 단순히 밭의 경계를 나누는 역할만 한 것은 아니다. 사실 소들로부터 작물을 지키는 쪽이 더 중요한 목적이었다.

사방에 소들이 다니다 보니 소가 밭에 들어가지 못하게 단단히 방비해야 했다. 해마다 봄이면 가을에 허물어두었던 밭담을 정비하고, 큰 바람이 인 뒤에도 밭담을 살폈다. 그렇게 방비해도 큰길가에 붙은 밭은 소 피해를 면하기 어려웠다. 선흘에는 '테질'이라는 길이 있는데, 테우리가 소떼를 몰고 다니는 길이다. 고병문네의 테질밭은 이 테질에 붙은 밭이다. 그러니 소가 밭담을 밀쳐 무너뜨리고 작물을 뜯어 먹는 일이 끊이질 않았다고 한다.

그러니 자동차가 보급되기 전, 소로 농사를 지을 때까지만 해도 큰길가의 땅값이 낮고, 안쪽에 있는 땅값이 오히려 비쌌다고 한다. 훗날 땅값이 완전히 뒤바뀔 줄은 꿈에도 몰랐던 부모들이 궂은 길가 땅은 딸에게, 좋은 안쪽 땅을 아들에게 상속했다가 땅값이 뒤집어져 딸들에게 뜻밖의 재산이 생기는 일도 많았다고 한다.

지금도 제주도 중산간을 지나다 보면 밭담 가운데 유독 높은 담이 있다. 더러는 허물어졌어도 사람 키를 넘는 높이로 에둘러진 밭담이 있다. 바로 소 떼를 몰아넣고 소똥을 직접 받는 '바령팟'이었던 곳들이다. 땅심이 떨어진 밭이 있으면 밭 주인은 테우리에게 자기 밭에 소를 넣어달라고 부탁해 순서를 받아놓고 소들이 밭을 넘어가지 못하게 담을 높여놓는다. 테우리는 낮에 목장에서 배불리 먹인 소 떼를 이끌고 저녁이면 약속한 밭에 수십 또는 수백 마리 소를 들인다. 날이 밝으면 소들은 똥을 누었다. 똥을 누지 않고 가는 소가 없도록 밭 주인은 아침이면 나무 막대기를 들고 앉아있는 소를 깨워 일으키며 똥을 누도록 다그치기도 했다. 이렇게 넉넉히 소똥을 받은 밭을 똥이 삭도록 한두 해 묵히면 다시 땅심을 회복해 무엇을 뿌려도 잘 자랐다.

이렇게 소똥을 받는 일을 '바령'이라 하고 바령하는 밭을 '바령팟', 바령하는 소를 '바령쉐'라고 한다. 바령팟은 거친 땅에서 어떻게든 농사를 짓고자 했던 제주도 사람들의 의지와 지혜가 만든 농사문화였다. 선흘리에는 지금도 '돗바령'이라는 지명이 남아있는데, 이곳은 돼지로 바령을 했던 곳이라고 한다.

제주시 구좌읍 김녕리의 밭담. ⓒ 서헌강, 공공누리

밭담은 소가 밭에 들어가는 것을 막는 역할도 한다. 농사를 짓지 않는 밭은 담을 허물어 소를
들여 먹이기도 했다. ⓒ 후지모토 다쿠미, 공공누리

조가 익고
술이 익는 계절

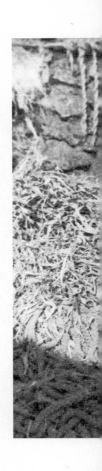

농사에만 의지해 살던 때는
'닭 굶는 8월(음력)'이란 말이 있을 정도로
보릿고개 못지않게
9월을 보내기가 힘겨웠다고 한다.
사람 먹을 것이 부족하니
그 부스러기조차 없어서
닭도 굶을 정도로
힘든 때였다는 말이다.
하지만 이제 조가 익었다.
조를 거두어
밥도 하고, 떡도 찌고, 술도 내릴 것이니
조를 수확하는 마음이 부풀었다.
북서풍이 매서워지기 전에
고팡에 좁쌀을 채워놓으면
겨울 걱정을 덜 것이다.
겨울을 날 땔감까지 마당에
그득하다면 걱정이 없다.

© 홍정표

1964년

10월

10/1 **목요일** |**맑음**|

100원 右贊우찬에게 줌**141** 送別會송별회로 놀다**142**

有유름 소 보려 昌稀창석 如가히**143**

깨타기 사장田 本人**144**

10/2 **금요일** |**맑음**|

2남 生命水생명수**145** 10원, 설탕 10원, 계 20원

10/3 **토요일** |**맑음**|

집에 있다 午後오후 松堂송당 景敦母경돈모와 如히**146**

검질 비기 長女 本人 7시간**147**

10/4 **일요일** |**맑음**|

松堂 있다가 午後 집에 와서 놀다가 아무것도 아니했다.

검질 비기 本人 長女 7시간

10/5 **월요일** |**맑음**|

동석이 할아버지네 촐 실어주기 9시간

100원은 거기서 꾸어서 右贊우찬이 出征출정할 적에 준 것**148**

10/6 **화요일** |**맑음**|

검질 지어오기 本人 長女 4시간, 묶으기 本人 長女 4시간

소 찾아보고 유름

141 우찬에게 어제 빌린 100원을 갚았다.

142 부광수의 송별회가 아직 끝나지 않았던 모양이다.

143 창석이와 같이 공동목장에 소를 보러 갔다가 으름 열매를 따 먹었다.

144 어머니 혼자서 사장밭의 깨를 걷었다.

145 '생명수'는 소화제다.

146 경돈이는 고병문의 가장 친한 친구다. 경돈이 군에 가게 되어 경돈 어머니와 송당에 무언가 일을 해결하러 갔다고 한다.

147 '촐'(꼴)을 베고 장만하는 틈틈이 땔감용 '검질'(잡풀)을 하러 다 녔다. 겨울이 다가오고 있다.

148 6월에 동심친목회 친구가 군에 가는 데 회비를 내려고 우찬이 에게 빌린(우찬이는 할아버지에게서 빌린) 100원을 촐(꼴) 싣는 일 로 갚았다.

고병문과 김경돈.
1967년 26살의 청년들이다.
© 고병문

153

10/7   **수요일** |맑음|

咸德運動會함덕운동회, 검질 눌 눌기 3시간[149]

10/8   **목요일** |흐림|

방 바르기 本人, 속지 26원

바투기 구호품 2남 15원[150]

10/9   **금요일** |맑음|

옥생이네 출 실어주기 長男 방 바르기

10/10   **토요일** |맑음|

흙질하기 長男 7시간[151]

고구리 타다오기[152] 本人 長女 7시간

149 며칠 동안 베어 온 '검질'(잡풀)의 '눌'(가리)을 '눌었다'(쌓았다).
오래 저장해야 할 것이 있으면 눌을 눌어두었는데, 가을이면
마당 한쪽에 땔감과 소 먹일 촐을 눌어 놓아야 겨울을 맞이
할 수 있었다. 눌 위에는 'ㄴ람지'를 둘러 덮었는데, 비가림을
위해 '새'(띠)로 엮은 것이었다. 또 ㄴ람지 꼭지로 비가 새어들
지 않도록 고깔 모양으로 엮은 '주젱이'까지 덮었다.

150 '바투기'는 무엇을 받치는 받침이다. 여기서는 책받침을 이르
는 것으로 구호품으로 나온 책받침을 15원에 팔았던 모양이다.

151 겨울이 오기 전에 떨어져 내린 흙벽을 바르며 정비하는 일이
계속되고 있다.

152 '고구리'(이삭)를 '타왔다'(따왔다). 먹을 것이 떨어져 거의 여문

눌 ⓒ 홍정표

10/11 일요일 |맑음|

흙질하기 長男 그리고 제사, 위씨[153]는 2위분

10/12 월요일 |맑음|

집에서 놀다가… 玉生옥생이네 牧草목초 실을 값 100원[154]

本人 長女 검질 지어오기 3시간[155]

10/13 화요일 |비|

비와서 집에서 놀기

10/14 수요일 |흐림|

흙질하기 長男 本人 8시간

10/15 목요일 |흐림|

촐 실으기 父 長男 3마차, 200뭇씩 나중 1마차 230뭇[156]

최선전 2번 200뭇씩, 베남빌레 한 번[157]

10/16 금요일 |가랑비|

깨 2되, 고무신 長男 長女, 26원[158]

牧草목초 한 번 실으기, 개왈 200뭇

10/17 토요일 |흐림|

조의 이삭을 베어왔던 것 같다.

153 할아버지, 할머지 두 분을 말한다.

154 10월 9일에 옥생이네 '촐'(꼴, 목초) 실어 준 값으로 100원을 받았다.

155 땔감용 잡풀을 해왔다.

156 한 뭇씩 묶어서 밭에 넣어놓았던 '촐'을 실어오는 일이 시작되었다. 촐 40뭇이 소로 1바리가 되는데, 마차에는 무려 200뭇을 실었다. 소 등에 지는 양의 5배를 한번에 실어오고, 마지막에는 230뭇, 거의 6배를 싣고 왔으니 바퀴의 힘이 대단하다.

157 최선밭에서 400뭇, 배남빌레밭에서 230뭇의 촐을 마련했다.

158 깨 2되를 오일장에 지고 나가 팔고, 고병문과 여동생의 고무신을 사고, 26원을 남겨왔다.

촐 실으기 세 번 600뭇 崔先田최선전

조 비기 本人 5시간[159]

10/18 일요일 |비|
흙질하기 本人 長男 6시간[160]

10/19 월요일 |흐림|
소 보기 長男, 조 비기 本人 長女 6시간

10/20 화요일 |흐림|
촐 실으기 멍머루 240뭇 섭서리또

멍머루 100뭇씩 200뭇

10/21 수요일 |흐림|
촐 실으기 섭서리또 200뭇, 끈술 200뭇

조 비기 長女

10/22 목요일 |흐림|
조 비기 감남굴

10/23 급요일 |맑음|
조 비기 사장밭

159 처남동산밭의 조 베기가 시작되었다. 고병문의 어머니 혼자
서 베었다.

160 비 오는 날 고병문과 어머니가 벽을 바르며 정비했다. 비가
오면 물을 길어오지 않아도 되니 흙질하기가 오히려 좋았다
고 한다.

10/24 토요일 |흐림|

조 베기

10/25 일요일 |맑음|

고구리 타다오기 3인[161]

10/26 월요일 |흐림|

고구리 타다오기 감남굴밭

사장밭 고구리

10/27 화요일 |맑음|

조 태작 사장밭 2石 10斗 감남굴 흐린조[162]

計계 8石(섬) ~ 9石[163]

10/29 목요일 |맑음|

本人 長女 同業동업 豆類두류 거두어오기[164]

10/30 금요일 |맑음|

콩 걷으기 長女 長男 8시간, 本人 남의 콩 비기[165]

10/31 토요일 |맑음|

本人 長女 同業 콩 때리기 5시간[166]

長男 3시간 콩 걷으기, 지어오기

161 조의 '고구리'(이삭)를 따왔다. 조 타작은 대에 이삭이 달린 채로 하기도 하고, 이렇게 이삭만 따서 하기도 했는데, 며칠 동안 조를 베어 눕혀놓은 밭에서 이삭만 따왔다는 것이다. 바닥에 '호미'(낫)의 날을 세워 깔고 앉아 조 이삭을 한 줌씩 모아쥐고 낫에 밀며 베어냈다.

162 조를 타작했다. 사장밭에서 2섬 10말을 얻었고, 감남굴 밭은 기록되지 않았다. 감남굴 밭의 조는 '흐린조'(차조)였다.

163 그동안 따온 조 이삭을 모아 타작했던 모양이고, 모두 8~9섬의 조를 수확했다.

164 이웃과 함께 농사지은 콩밭에서 어머니와 여동생이 콩을 거두어 왔다. 함께 콩을 베고 나누어 왔을 것이다.

165 고병문과 여동생이 고병문네 콩밭에서 콩을 베고, 어머니는 남의 집 콩밭에 품앗이를 나갔다.

166 그저께 가지고 온 콩을 타작했다.

조가
익었다!

장마가 끝나기를 기다려 씨를 뿌리고 사람, 소, 말이 합심해 꼭꼭 밟아놓았던 조팟(조밭)에서 조들이 무럭무럭 자라 이삭이 수북해졌다. 그동안 앞다투어 올라오는 잡초를 뽑아내느라 한여름에 땀흘리며 김을 맸다. 그중에서도 '가라지'가 강적이었다. 잎은 조와 비슷하고 이삭은 강아지풀 같이 생긴 잡초다. 제주도 사람들은 가라지 씨가 떨어지지 않게 부지런히 뽑아내며 정성스레 조를 길렀다.

10월 중순에 조 베기를 시작했다. 고병문 가족은 열흘 정도 조 베기를 계속한다. 조를 베는 대로 밭에 눕혀놓고 그대로 어느 정도 말리는 것이다. 그리고 밭에서 조 이삭만 잘라 집에 실어왔다. 한창 바쁠 때이고 하니 이삭만 잘라 가뿐하게 실어와 먼저 타작했다. 마당에 멍석을 깔고 조 이삭을 도리깨로 두드려 낟알을 떼어낸 뒤에 보리와 마찬가지로 연자방아에 찧거나 남방애에 찧어 껍질을 벗겼다. 그리고 껍질을 날리고 찧고 하는 노동을 반복해 좁쌀을 마련했다. 밭에 눕혀놓은 조짚은 나중에 실어와 가리로 쌓아놓고 겨울에 소 먹일 것이 부족할 때 주었다.

좁쌀 한 알은 작지만 조 이삭은 크고 탐스럽게 익어 휘영청 늘어진다. ⓒ 이혜영

오메기떡과
고소리술

　요즘에 들어 유명해진 제주도 음식으로 손꼽히는 '오메기떡'과 '고소리술'은 좁쌀이 그 재료다. 제주도를 여행한 사람들이라면 유명한 떡집에 들러 오메기떡을 사 먹은 경험이 있을 것이다. 오늘날의 오메기떡은 찹쌀에 소량의 좁쌀을 섞고 쑥까지 넣어 만들고 있기도 해서 전통 오메기떡의 맛을 보기는 어렵게 되었다. 이제는 조농사를 짓는 사람이 드물어 좁쌀 값이 비싸서 중국산 찹쌀로 만들어야 적당한 가격을 맞출 수 있기 때문일 것이다.

　'당 오백 절 오백'이라는 제주도에서 어머니들은 때마다 음식을 차려 신당에 가서 빌고, 어려운 일이 있으면 심방(무당)을 모시고 굿을 했다. 이때 신께 반드시 술과 고기를 갖추어 제를 지냈는데, 신에게 올리는 술이 바로 '오메기술'이며, 오메기술을 만들기 위해 빚는 떡이 '오메기떡'이다.

　전통 오메기떡은 '흐린조'(차조)로 만들었는데, 먼저 곱게 빻은 차조를 익반죽해서 도넛 모양의 구멍떡을 빚어 물에 삶아서 익혔다. 익힌 구멍떡을 으깨어 식힌 뒤 누룩을 넣고 떡 삶은 물을 부어 60일 이상 발효시켜 오메기술을 빚었다. 오메기술은 좁쌀로 빚은 막걸리인 셈인데, 순곡주인 오메기술은 쌀술에서 맛볼 수 없는 좁쌀의 향기와 새콤달콤한 맛이 난다. 이 오메기술을 증류시키면 도수가 높고 맑은 '고소리술'이 되는 것이다.

술을 증류하는 옹기의 이름이 '고소리'여서 고소리술이라 했다. 고소리는 항아리 두 개의 바닥을 붙여놓은 모양을 하고 있는데, 위쪽 항아리에는 주전자 주둥이 같은 것이 길게 아래로 뻗어나와 있다. 가마솥에 오메기술을 넣고 솥 아가리에 고소리를 올리고 증기가 빠져나가지 않게 밀가루 반죽으로 솥과 고소리 연결 부위를 꼼꼼하게 발라 막았다. 그리고 은근한 불을 때어 오메기술의 증기가 서서히 올라가게 한다. 고소리 위쪽 항아리에 맺힌 증기가 주둥이를 타고 흘러내리면 병을 받쳐놓고 술을 받아냈다. 육지에서 쌀로 떡과 술을 빚듯 제주도 사람들은 좁쌀로 떡과 술을 빚어왔다.

차조로 만드는 또 다른 떡으로 '조침떡'이 있었다. '침떡'은 시루에 '친'(찐) 떡을 말한다. 좁쌀로 찐 떡이 조침떡인 것이다. 좁쌀가루 사이에 팥 따위로 켜를 앉혀 찐다. 불을 때 가마솥에 시루를 올리고 떡을 찌는 일은 쉬운 일이 아니었다고 한다. 떡이 고루 익지 않아 실패하는 경우가 많아 떡을 찔 때 고사를 지내기도 하고 부엌에 사람이 얼씬하지 못하게 하기도 하는 등 금기가 많았다. 귀한 곡식으로 떡 찌기에 실패한 며느리는 큰 낭패를 보게 될 것이다. 그러니 절대 실수가 없도록 정성을 들이고 공을 들여 떡을 찐 것이다.

조침떡에서 한 발 나아간 '고달시리떡'이라는 떡도 있다. 조침떡 위에 흰 쌀가루를 한 켜 얹은 떡이다. 닭 벼슬을 말하는 '고달'을 붙인 것이 재미있다. '닭벼슬시루떡'이라 할 수 있겠다. 머리 끝만 하얗게 붙인 이 떡은 얼핏 보면 흰시루떡 같이 보여 '귀신 속이는 떡'이라고도 했다.

'솥덕'에 솥을 올리고 '고소리'를 앉혀 술을 내렸다. ⓒ 홍정표

땔감 전쟁

인류가 음식을 익혀 먹기 시작한 이래로 땔감을 마련하는 일은 생사가 달린 기본적인 임무였다. 우리나라에서 석탄과 석유가 부엌과 식생활을 완전히 바꿔 놓기 전인 불과 60~70년 전까지도 선사시대 때부터 해왔던 대로 삭정이를 긁어 불을 때 음식을 만들고 난방을 해왔다는 사실은 생각해보면 놀라운 일이다. 화석연료가 대량으로 보급되면서 연료를 확보하느라 투입한 노동과 시간에서 자유로워진 것이다. 하지만 수억 년 동안 축적된 화석연료를 인류가 100년 사이에 마구잡이로 소비한 대가로 지구는 거대한 기후변화의 위기를 맞이하고 있다.

인류 대대로 연료를 확보하는 일은 기본적이고도 중요한 일이었다. 특히 제주도에서는 더욱 그랬다. 조선시대 이원조의 『탐라지초본』에는 "남정(男丁)에게는 해마다 초(草) 1겁(迲)과 시(柴) 1단(團), 그리고 산촌에서는 초(草) 대신 탄(炭) 5말을 징수한다."는 기록이 있다. 초(草)·시(柴)는 풀과 나뭇가지, 탄(炭)은 숯이다. 성인 남자는 해마다 땔감으로 세금을 납부했다는 말이다.

제주도에서 땔감이 특히 어려웠던 것은 제주도 땅은 밭으로 일구는 곳이 아니면 거의가 방목지로 이용돼 숲이 많지 않았기 때문이다. 집을 짓거나 가구나 도구를 만들고, 관을 짜는 등 누구에게나 나무가 필요했지만 특정 지역에만 숲과 나무가 있다 보니 나무를 몰래 베어가는 일이 빈번해 숲을 가진 마을에서는 조를 짜서 지키기도 했다. 이렇게 나무가 귀한 제주도에서는 통나무를 쪼개 장작을 쌓아 놓고 겨울을 난다는 것은 상상할 수 없는 일이었다.

오일장에 펼쳐진 땔감 시장에 아낙들이 줄줄이 장작을 팔고 있다.

제주도의 땔감은 조선시대의 기록처럼 산야에 자라는 온갖 잡풀, 나무 삭정이에서부터 곡식 줄기, 솔잎, 솔방울, 고사리, 쇠똥, 말똥, 무엇이든 걷어 지고 왔

장작을 지고 가는 사람들 ⓒ홍정표

다. 누구라도 밖에 나갔다 집에 들어올 때는 땔감을 지고 들어왔으며, 어린아이도 예외는 아니었다.

　가을이 되면 수시로 땔감을 마련해 와서 마당에 가리를 쌓아 겨우내 쓸 땔감을 저장했다. 난방과 취사가 분리되어 있으니, 불의 성격에 따라 땔감도 달리했다. 굴묵을 때는 난방용 땔감은 천천히 오래 타는 쇠똥, 말똥이 주였고, 마른 풀과 삭정이는 금방 불이 붙어 활활 타오르니 솥덕에서 밥하는 동안만 때기 좋았다.

　해안가 마을 사람들은 땔감 마련하기가 더욱 어려워 땔감이 부족할 때는 사다가 쓰기도 했다. 선흘처럼 숲을 가진 산간마을 사람들은 날이 추워지면 땔감을 해다가 장에 나가 팔아 돈을 마련했다.

오일장에 펼쳐진 땔감 시장에 아낙들이 줄줄이 장작을 팔고 있다.
ⓒ 홍정표

보리
갈 때가 되었구나

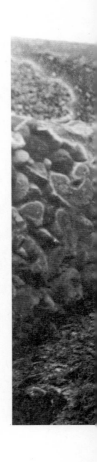

남풍에서 북풍으로 바람이 바뀌고
나날이 추워지고 있다.
이제 보리 갈 때가 되었다.
하지만 그 전에 서둘러 콩도 걷고,
밭벼와 메밀도 베어야 하고,
베어낸 곡식들을 실어와
타작도 해야 하니
바쁘고 바쁘다.
밭을 갈고,
돗통시에 쌓인 거름을 꺼내고,
거름을 실어 날라
무사히 보리씨를 파종하고 나면,
이제는 새(띠)가 기다린다.
초가지붕을 일 새는
첫눈 오기 전에 베어야 하니
정신없이 새를 베다가
어느 틈에 11월은 꿀깍 넘어간다.

ⓒ 홍정표

1964년
11월

11/1   **일요일** |비|

11/2   **월요일** |맑음|

콩 걷으기 구시물 3인

11/3   **화요일** |흐림|

밭갈이 油菜유채 3인[167]

11/4   **수요일** |흐림|

밭갈이 油菜 처남동산

팟 때리기 長女 小4斗[168]

11/5   **목요일** |비, 흐림|

도정 5斗[169]

11/6   **금요일** |맑음|

五日場오일장 豆類두류 팔기 小4斗 단가 215[170]

2남 모자 60원, 양말 100원, 쌀 15원, 비누 10원, 성냥 15원

고무신 60원 本人, 三男 50원, 2녀 신 50원

11/7   **토요일** |흐림|

테질 陸稻육도 베기 從日종일[171], 肥料代비료대로 1,200원,

167 콩을 걷는 바쁜 날들 사이에 유채밭을 갈았다.

168 6월에 콩밭 한켠에 심은 팥을 콩을 거둘 때 같이 거두어 두었다가 타작했다. 작은 말로 4말, 즉 관되로 40되가 나왔다.

169 타작해놓은 조 5말을 도정해왔다.

170 오일장에 가서 콩을 작은 말로 4말 팔았다. 단가가 215원이니 860원을 받았다. 이 돈으로 아래 물건들을 샀다. 오랜만에 어머니 고무신과 여동생 새 신발도 샀다.

171 밭벼 수확이 시작되었다.

타작한 콩은 얼맹이로 쳐서 검불을 골라낸다. ⓒ 이혜영

조사원 100원**172**

11/8 **일요일** |구름 후 비|
사장밭 육도 비기 午前오전
리발비 30원 長男

11/9 **월요일** |흐림|
메밀 비기 3인 6시간**173**

11/10 **화요일** |맑음|
콩 때리기 싱피 – 사생이머들 小2石**174**

11/11 **수요일**
알동네 三寸삼촌 死亡사망**175**
육도 실어오기

11/12 **목요일** |흐림; 소나기|
알동네 가서 심부름**176**

11/13 **금요일** |흐림, 비눈|
알동네 가서 일봄**177**

172 농림부 조사원에게 수고비로 100원을 주었던 모양이다.

173 메밀 수확도 시작되었다.

174 '사생이머들'이라는 '싱피밭'(습기가 많은 밭)에서 콩을 타작했
다. 작은 섬으로 2섬을 얻었다. 1섬은 15말이다.

175 '알동네'에 사시는 삼촌이 돌아가셨다. 선흘리 본동(큰동네)은
지대가 높은 쪽은 웃동네, 낮은 쪽은 알동네로 나뉘었다. 고
병문의 집은 웃동네였다.

176 고병문은 돌아가신 삼촌 댁에 가서 심부름을 하며 장례 준비
를 거들었다.

177 이날은 출상하기 하루 전날인 '일포'(日哺)다. 이날 밤에 '일포
제'(日哺祭)를 지낸다. 일포제는 출상 전날 밤 망자와 마지막
이별을 한다는 의미에서 지내는 제사다. 망자의 방 앞에 상을
차리고 제사를 지내는데, 딸과 며느리 등 여자 상제들도 참여
한다. 망자의 자녀들뿐만 아니라 친한 친구들도 상제가 되었
다. 이날 상제들은 하루 종일 상가를 지키며, 문상객들도 거
의 일포에 문상한다. 그래서 지금도 제주에서는 초상이 나면
일포가 언제인가를 먼저 확인한다.

11/14   토요일 |흐림|

場事장사지내기 三寸[178]

11/15   일요일 |맑음|

陸稻육도 묶어오기 5시간, 市시에 가기, 父부 조 실으기[179]

11/16   월요일 |맑음|

市에서 옴, 거름내기[180] 6시간, 도정 5斗

11/17   화요일 |맑음|

거름 실으기(사생이머들) 午後오후 三번[181]

結婚결혼 부주 50원 彦華언화[182]

11/18   수요일 |맑음|

거름 실으기 3인 8시간

11/19   목요일 |맑음|

거름 실으기 3인 9시간

178 입관날이다. 11월 11일에 돌아가셨으니 3일장을 치르고 있다. 길게 치르는 집은 7일장을 하기도 했다.

179 어머니와 여동생은 밭벼를 묶어서 실어오고, 고병문은 시(市)에 계시는 아버지에게 가서 조 싣는 것을 도왔다.

180 돗통에서 한 번 꺼냈다 말리고 썩혀 다시 담았다가 두 번째 꺼낸 돗거름이다. 이제 보리농사가 시작되고 있다. '보리에 정성을 다 들여야 하는 때'다.

181 돗통에서 꺼내놓은 돗거름을 밭볏짚으로 짠 '멕'(멱서리)에 담아 '산태'로 옮겨 마차에 싣는다. 밭에 실어간 돗거름을 '글체'(삼태기)에 담아 밭 중간중간 부려놓는다.

182 고병문의 친구 언화의 결혼에 50원을 부주했다'

산태.
들것처럼 두 사람이
앞뒤로 잡고 옮긴다.
ⓒ 고광민

11/20 금요일 |맑음|

거름 실으기 장남 장녀 5시간[183], 메밀 실어오기 2인

본인 새 비기 8시간[184]

11/21 토요일 |맑음|

새 실어오기 3인 4시간, 메밀 태작 3인 5시간 1石

11/22 일요일 |맑음|

보리 파종 밭갈이 장남, 거름 허투기 2인[185]

11/23 월요일 |맑음|

보리 파종 3인 10시간[186]

11/24 화요일 |맑음|

보리 파종 밭갈이 장남, 거름 허투기 2인 5시간[187]

나머지는 四場田사장전 보리 덮으기 4시간 3인[188]

183 보리밭에 넣을 거름을 나흘 동안 실어 날랐다.

184 '새'(띠) 베기가 시작되었다. 그냥 두어도 산야에 마음대로 자라는 띠를 제주도 사람들은 땅을 일궈가며 밭에서 대량으로 길렀던 까닭은 지붕을 일기 위해서였다. 벼농사를 지을 수 없어 볏짚을 얻을 수 없기 때문에 띠를 따로 길러야 했다.

185 보리 파종을 위해 고병문은 밭을 갈고, 어머니와 여동생은 고랑에 거름을 흩뿌렸다. '사장밭'이다.

186 어제 거름을 넣어놓은 사장밭에 보리씨를 뿌렸다. '씨멩텡이'를 왼쪽 어깨에 메고 오른손으로 보리씨를 한 줌씩 쥐고 팔을 펼치며 씨를 뿌려나갔다.

187 오전에 사생이머들 보리밭을 갈고, 거름을 흩어놓았다.

188 오후에는 다시 사장밭에 가 '끄슬퀴'를 끌어 흙을 덮었다.

끄슬퀴.
소나무 가지에 돌을 묶어 무게를 준 뒤에 밭에서 끌며 흙을 덮는다. ⓒ홍정표

11/25 **수요일** |맑음|

보리 파종, 밭갈이 장남 7시간, 2인 8시간[189]

11/26 **목요일** |맑음|

콩 팔기 小3斗, 斗당 250원[190], 長女 上衣상의 360원

멜치 1습 10원, 소금 25원, 빠테리 30원

長女 양말 80원, 조 세 깡통에 1승

라듸오 대금으로 400원[191]

11/27 **금요일** |맑음|

새 비여오기 개

11/28 **토요일** |맑음|

놀기

11/29 **일요일** |흐림|

육도 타작 3인 7시간[192]

11/30 **월요일** |흐림|

지금까지 나간 콩 수량 小10斗

이달에 들어온 돈 2,900원

이달에 나간 돈 2,945원

좁쌀 32升 잔[193]

189 사생이머들에 가 보리씨를 뿌리고 끄슬퀴로 덮었다. 선흘은 보리농사가 썩 잘되는 땅이다. 보리 한 말로 300평에 뿌릴 수 있었다. 그러니 보리밭 한 마지기는 300평이다.

190 오일장에 가서 콩을 한 말에 250원씩 받고, 작은 말로 3말을 팔았다.

191 라디오 값을 계속 갚고 있다.

192 밭벼를 타작했다.

193 좁쌀 32되가 남아있다.

사람과 돼지와
보리

3세기 중국의 역사서에도 "제주도 사람은 소와 돼지 키우기를 좋아한다."고 기록했을 정도로 제주도는 소뿐만 아니라 돼지의 섬이기도 했다. 일제강점기 때 조선총독부가 펴낸 『제주도세요람(濟州島勢要覽)』(1937년)에 따르면, 당시 제주도 가구의 97%가 돼지를 키우고 있었다고 한다. 비슷한 시기인 1934년의 기록인 『생활상태조사(生活狀態調査)』에서 경주에 관한 기록을 보면 가축을 기르는 농가 중에서도 13.9%만이 돼지를 길렀다고 한다. 전체 농가가 가축을 기르는 것이 아니므로 전 농가를 기준으로 한다면 돼지를 기르는 농가는 10% 미만으로 보아야 할 것이다. 제주에서 거의 10배나 많은 돼지를 기른 것이다. 제주도 사람들은 왜 집집마다 돼지를 길렀던 것일까?

그것은 제주도의 특별한 변소 문화인 '돗통시'와 관계가 있다. '돗'은 돼지, '통시'는 변소를 뜻하는 제주어로, 돗통시는 돼지우리와 변소를 겸하는 공간이다.

돗통시는 위생상 부엌과 먼 쪽으로 마당 한구석에 마련하는데, 작게는 3평, 크게는 10평의 땅을 1m 정도 파서 돌담을 둘렀다. 한 귀퉁이에는 사람이 사는 집처럼 돌로 쌓고 '새'(띠)로 지붕을 덮어 '돗집'을 짓는다. 잠도 자고 새끼도 낳을 돼지의 집이다. 돼지들이 놀 마당에는 보릿짚을 가득 채우고 돌로 만든 밥그릇, '돗도고리'를 놓아준다. 그리고 한쪽에는 변소를 앉히는데, 돌로 조금 돋운 곳에 납작한 돌이나 나무 두 조각을 나란히 놓아 디딤돌을 삼고 어른 허리 높이 정도로 몸을 가릴 담을 둘렀다. 사람이 볼일을 보면 돼지는 아래로 떨어진 똥을 먹는 것이다. 얼핏 생각하면 꺼림칙하고 더럽게 느껴질 수도 있다. 용변을 본다는 아주 개인적인 일을 옆에서 돼지가 보고 있는 것도 신경이 쓰일 것 같고, 그리고 나의 배설물을 돼지가 먹어치우는 모습을 보는 것도 유쾌하지 않을 것 같다.

수세식 변기가 발명된 이후로 우리는 우리의 배설물을 버튼 하나로 냄새도, 모습도 사라지게 할 수 있었다. 더러운 냄새와 우글거리는 구더기 따위를 치우거나 의식하지 않아도 되어 안도했다. 하지만 그것은 사라졌는가? 우리 모두가 알듯이 그것은 사라지지 않았다. 어딘가로 보내졌을 뿐이고, 그곳은 하수종말처리장이다. 이런 시설을 세울 때마다 지역 주민들의 반대와 시위에 맞닥뜨리고, 많은 화학약품이 투입되어 그것을 처리하며, 제대로 처리되지 않은 똥물이 강물로, 바다로 흘러들어 강과 바다를 오염시키는 문제를 우리는 여전히 안고 있다. 그래도 이런 모든 것은 보이지 않는 곳에서 이루어지므로 우리는 별다른 책임감 없이 버튼을 누를 수 있다.

그에 비하면 돗통시에서 일어나는 일은 우리 눈에 보이며, 똥은 즉각적으로 돼지의 먹이가 된다. 강물로, 바다로 가지 않는 것이다. 돼지는 고맙게도 사람의 똥과 집에서 나오는 음식 찌꺼기와 곡식 껍데기 따위만 먹고도 잘 자란다. 그리고 이윽고, 돼지가 눈 똥이 돼지집 마당에 쌓이고, 돼지들이 놀면서 그것을 짓밟아 보릿짚과 뒤섞고 뒤섞으면 보리밭에 넣을 귀하고 귀한 거름이 된다.

제주도의 척박한 땅에서 보리는 돼지거름 없이는 제대로 열리지 않았고, 제주도 사람은 보리 없이는 살 수가 없었다. 그래서 집집마다 돼지우리를 만들었고, 돼지 먹일 것이 부족하니 사람의 똥을 먹이로 삼게 되어, 사람의 똥이 돼지를 살리고, 돼지의 똥이 보리를 살리고, 보리가 사람을 살리는, 버릴 것 하나 없는 순환의 구조가 만들어진 것이다.

돗통시. 오른쪽이 돼지가 잠자는 돗집이고 돼지가 바라보는 쪽에 넓적한 돌이 놓인 곳이 볼일을 보는 곳이다. ⓒ 홍정표

보리
파종하기

　돼지우리가 돼지똥으로 차면 그 위에 다시 보릿짚 깔아주기를 반복하며 거름을 쌓아 보리 파종을 준비한다. 보리 파종은 두 가지 방법으로 이루어지는데, 보리씨와 돗거름을 섞어서 파종하는 방법과 돗거름을 밭에 뿌린 뒤에 보리씨만 파종하는 방법이다. 앞의 방법은 밭 규모에 비해 거름이 부족할 때, 뒤의 방법은 거름이 넉넉할 때 이루어진다.

　먼저, 보리씨와 돗거름을 섞는 혼합 파종 때는 파종 전날 마당에 돗거름을 펼쳐놓고 씨를 골고루 뿌린 뒤 잘 섞이도록 사람과 소가 달려들어 하루 종일 밟아야 한다. 잘 발효된 돗거름은 질퍽거리지 않고 적당히 포슬포슬해서 잘 밟아놓으면 보리씨가 고루 박힌 반죽이 만들어졌다. 이튿날 혼합 거름을 소에 싣고 밭에 나가 파종하는데, 메밀 파종 때와 마찬가지로 어깨에 메는 '멜망탱이'에 혼합 거름을 담고 쟁기질해놓은 밭고랑을 따라 걸어가며 이것을 떼서 던져놓는다. 그런 다음 '끄슬퀴'를 끌며 흙을 덮으면 파종이 끝난다.

　두 번째, 보리씨와 돗거름을 따로 뿌리는 분리 파종 때는 파종하기 며칠 전에 돗거름을 실어 밭에 부려놓은 뒤 고랑을 따라 거름을 뿌린다. 그 위로 씨를 뿌

리고 '끄슬퀴'로 흙을 덮는다. 선흘리는 땅이 좋은 편이라 거름과 보리씨를 섞지

않고 따로 뿌렸다.

　애월읍에는 돗거름과 보리씨를 섞어 밟으면서 부르는 '돗걸름 볼리는 소리'

가 전해내려 온다. 사람과 마소를 격려하는 소리가 협박 같으면서도 정겹다. 힘

들고 지루한 노동을 이렇게 노래하며, 서로 의지하며 견뎌냈다.

돗걸름 볼리는 소리
(돼지거름 밟는 소리)

어러러러 러러러 러러

걸름 위에 보리씨가 히뜩히뜩 보아졈구나

(거름 위에 보리씨가 히뜩히뜩 보이는구나)

혼져 아레 걷엉 들어상 조근조근 볼르라

(어서 바지 걷고 들어서서 조근조근 밟아라)

아하아 허허허 아하허어허량 하량

입동 시월절이 지나고 소설 시월중이 들어시난

(입동 시월절 지나고 소설 시월 중순에 들었으니)

보리 갈 때가 되었구나

아하아 허허허 아하허어허량 하량

보리용시도 절기 쫓앙 제시기에 갈아사

(보리농사도 절기 쫓아서 제 시기에 갈아야)

보리섬수도 하영난덴 하는구나.

(보리 섬 수도 많이 난다고 하는구나)

어허야 어양어허엉 어허엉 엉허아 어허엉 엉허어야

허어야 어요야 도레야 사대로다

아하아 허허허 아하허어허량 하량

요놈의 모쉬덜 암엣떤지 이걸름

(요놈의 마소들 어떻게든지 이 거름)

오늘 ᄒ루에 다 볼라사헌다.

(오늘 하루에 다 밟아야 한다)

오늘 볼르당 남으민 낼 또 볼르젠허민

(오늘 밟다가 남으면 내일 또 밟으려고 하면)

너도 성가시곡 나도 성가신다.

(너도 성가시고 나도 성가시다)

아하아 허허허 아하허어허량 하량

- 애월읍 상귀리, 하귀리 전승

새 베기

　고병문 가족은 보리 파종으로 눈코 뜰 새 없이 바쁜 중에도 '새'를 베어 집에 실어왔다. '새'가 무엇일까? 새는 띠다. 띠는 또 무엇일까? 띠는 일제강점기 때 생긴 말이고, 사실 이보다 더 친근한 우리말이 있는데, '삐', '삘기', '삐비'다. 육지의 옛날 어른들은 삘기 뽑기를 했다든지, 삘기를 질겅질겅 씹으면 단물이 나온다든지 하는 이야기를 하시곤 했다. 삘기는 삐의 어린 이삭으로 아이들은 봄날에 삘기를 뽑아 먹으며 누가 더 긴 것을 뽑는지 내기를 하며 놀았다.

　제주도 사람들은 벼과 식물인 '새'를 재배해서 가을에 베어 저장해놓았다. 초가지붕을 이기 위해서였다. 벼를 재배할 수 없는 제주도에서는 볏짚이 없으니 일부러 새를 밭에서 길러 쓸 수밖에 없었다. 초가지붕을 이기 위해 '새왓'(띠밭)이 없는 사람들은 새를 사서 썼는데, 이도 어렵게 되면 들판에 저절로 난 새를 뽑으러 다녔다. 이 또한 어렵게 되면 남의 새왓에 가서 도둑질을 하기도 했다. 배고픔은 어떻게든 해결하며 살지만 비가 새는 집에서는 살 수 없으니 새를 마련하는 일은 그만큼 절박한 문제였다.

　새는 입동(11월 7일경) 이후부터 첫눈이 오기 전에 베어야 했다. 입동이 지나야 생장의 기운이 빠져 지붕을 이어도 썩지 않았으며, 눈을 맞아 버린 새는 쉬이 짓물러지기 때문이었다. 새는 여러해살이 풀인데 5년 이상 자라야 지붕을 일 정도로 긴 새가 나왔다. 5~10년까지는 새가 왕성하게 자라 좋은 새를 거둘 수 있었지만 그 이후로는 새의 기운이 떨어졌다. 새도 늙는 것이다. 11~15년 된 늙은 새나 1~4년 된 어린 새는 '각단'이라고 하며, 길이가 짧은 각단으로는 지붕을 둘러 묶는 '집줄'을 꼬는 용도로 썼다. 15년이 지난 새왓은 갈아엎어 새의 뿌리를 거름 삼아 조, 메밀, 밭벼, 팥 등을 기르다 땅의 기운이 다하면 다시 새왓으로 일구었다. 땅을 순환해 필요한 것을 생산해내는 옛사람들의 지혜가 새왓에 담겨있었던 것이다. 땅이 좋으면 20년까지도 새를 생산할 수 있었지만, 땅이 나쁜 곳은 10년이면 새 생산이 끝나기도 했다.

　고병문네의 새왓은 당시 1,200평 정도로 밭 이름은 '개왓'이었다. 가족들이 이틀 동안 낫으로 베어 새를 마련했다. 새를 베는 방법은 지역에 따라 달랐다. 선흘은 지형상 밭의 크기가 1,000평 내외로 작은 편이고 땅에 돌이 많아 낫으로 앉아서 베었지만, 송당(구좌읍)처럼 밭의 규모가 크고 돌이 많지 않은 지역에서는 '장낫'으로 서서 휘둘러 베었다.

장낫.
땅에 돌이 적은 송당이나 성읍에서는 새(띠)나 촐(꼴)을 벨 때 이렇게 긴 낫으로 서서 베었다. ⓒ 고광민 초가지붕은 2년마다 새로 이었는데, 제주도 민가의 구조는 보통 '안거리'와 '밖거리' 두 채를 거느린 '두거리집'이 많았기 때문에 한 채씩 번갈아 지붕을 이어야 하므로 해마다 지붕 이기를 거를 수 없었다.

새의 쓰임은 초가지붕 외에도 '풍채', '우장', 'ᄂ람지', '주젱이' 등을 만드는 데도 이용되었다. 풍채는 새로 짠 장막 격으로, 처마에 매달아 바닥으로 늘어뜨려 비바람을 막거나 한여름 땡볕을 막는 것이다. 우장은 제주도식 전통 비

새(띠)로 엮은 '우장'은 테우리들의 비옷이자 방한복이었다. ⓒ 홍정표

옷이라 할 수 있는데, 방풍과 방한의 기능도 겸했다. 새를 곱게 손질해 가늘게 새끼를 꼬며 비늘 모양으로 엮어 가기 때문에 상당한 공을 들여 만들었으며 그만큼 비바람에 강하고 따뜻했다. 어부나 '테우리'가 주로 입었다.

ᄂ람지는 새를 나란히 길게 엮은 것으로, 비를 가려야 할 곡식 더미 등을 둘러 덮었다. 그 꼭대기로 비가 새지 않도록 지붕 격인 원뿔 모양의 '주젱이'(주저리)까지 덮어주면 비가림이 단단했다. 이 모든 것들은 볏짚은 없지만 볏짚 대용으로 벼과 식물인 새를 생산해 활용한 제주도 사람들의 지혜의 산물이었다.

새로 인 초가는 광택이 나며 아주 예뻤다고 한다. 초가 아래로 길게 처마같이 나온 것이 '풍채'다. 지지대를 조절해 각도를 조절할 수 있다. ⓒ 고광민

숯

굽는 겨울

10월부터 이어진
조, 밭벼, 콩, 팥, 촐, 메밀,
새 수확과 보리 파종까지
기나긴 가을이 끝났다.
고팡에는 좁쌀, 곤쌀, 콩과 팥, 메밀이 저장되어 있고,
마당에는 촐과 새, 땔감이 쌓여 있다.
고생한 소도 촐을 먹으며 쇠막에서 쉬고,
고생한 사람도 한숨 돌리며 쉬어가는 겨울이 왔다.
그래도 마냥 쉴 수는 없다.
여자들이 수확한 곡식들을 갈무리하고
보리밭을 돌보는 사이
중산간마을 남자들은 숯을 구웠다.
숯은 실내 난방과 조리용으로 쓰이는
고급 연료로 좋은 값에 팔 수 있었다.
조선시대에는 세금으로 숯을 내기도 해서
숯을 굽는 일은 중산간마을 남자들에게
대대로 이어져 오는 기술이었다.

ⓒ 이혜영

1964년

12월

12/1 화요일 |흐림|

五日場오일장 콩 판매, 알미나음솟[194] ?원

長男 內衣내의 200원, 요강

12/2 수요일 |흐림|

육도 타작 3인 5시간

12/3 목요일 |흐림|

방 바루기[195] 長男 5시간, 本人 長女 메밀 알내기[196] 5시간

12/4 금요일 |흐림|

알집 거름 허투기 2인 9시간 200원[197]

12/5 토요일 |맑음|

새동네 연수네 풀치기

12/6 일요일 |맑음|

나무 돌아보기[198] 長男, 콩 판매

12/7 월요일 |맑음|

모새 타 먹으려, 숯 팔기 2가마 900원 入[199]

2남 수험료

194   알루미늄 솥을 말한다. 제주도의 할머니들은 지금도 '아로미 솟'이라고 하며 즐겨 쓰고 있다. 연료도 많이 먹고, 무겁고, 씻기 힘든 무쇠솥의 세상에서 만난 '아로미'는 금방 끓고, 가볍고, 씻는 것도 수월했다. 아마도 일본식 발음이 와전된 것이겠으나 그 이름마저 사랑스럽다. 새세상이었다.

195   방바닥 흙이 헐어진 곳에 흙을 발랐다.

196   메밀 껍질을 벗겨 알을 냈다. 메밀은 맷돌에 갈아 껍질을 벗기는데, 이를 '겁피다'라고 한다.

197   어머니와 고병문이 아랫집 보리밭의 거름을 흩어놓는 일을 9시간 해주고 200원을 받았다.

198   고병문은 숯 만들 나무를 살피러 다녀왔다. 보리 파종과 새 수확이 마무리되고 겨울이 시작되면 가장 중요한 부업은 '숯 굽기'였다. 고병문은 이날로부터 나무 돌아보기 1일, 나무하기 2일, 나무 재기 1일, 숯가마 만들기 1일, 숯 굽기 3일, 숯 꺼내기 1일, 총 9일 동안 일해 숯 4가마를 얻는다.

199   숯 2가마를 900원에 팔았다. 남자 하루 품삯이 100원 정도인 것을 생각하면 숯값이 꽤 비쌌다.

12/8 화요일 |맑음|
숯나무 하려 가기 長男 10시간, 長女 풀치기

12/9 수요일 |비|

12/10 목요일 |흐림|
숯나무 하기 長男 10시간

12/11 금요일 |흐림|
숯나무 재우기 長男 10시간

12/12 토요일 |흐림|
숯굿**200**에 흙 올리기 8시간

12/13 일요일 |흐림|
숯 굽기 長男 10시간

12/14 월요일 |흐림|
숯 굽기 長男 10시간

12/15 화요일 |흐림|

200   '숯굿'은 숯나무를 쌓아놓은 더미를 말한다. '굿'은 봉긋하게 쌓인 것에 두루 쓰인다. 농작물의 뿌리 주변으로 흙을 긁어 올려주는 '북'도 '굿'이라고 하고, 무덤 봉분도 '굿'이라고 한다.

가시나무숲.
선흘곶(동백동산)의
가시나무들은 좋은
숯 재료가 되어주었다.
ⓒ 이혜영

12/16 수요일 |맑음|

숯 내오기 3인 4가마

12/17 목요일 |맑은 후 흐림|

놀기, 무우 長女 16관[201]

12/18 금요일 |흐림|

놀기

12/19 토요일 |맑음|

조짚 운반[202]

12/20 일요일 |맑음|

松堂송당 감, 리발비 30원, 배 10원

12/21 월요일 |맑음|

松堂서 옴

12/22 화요일 |맑음|

제사 가루, 숯 판매 1가마

201 이때 제주에는 무 농사가 활발했다. 당시 무의 최대 소비자는
일본인들이었는데, 무를 썰어 말려 무말랭이로 수출했다고
한다. 이런 작업은 바닷가에서 이루어졌는데, 당시 함덕에 무
말랭이 공장이 있었다. 바닷물로 무를 씻고 그 자리에서 썰어
말려 무말랭이를 생산했다. 그곳은 함덕 모래사장 한쪽 끝에
있었고, 지금 그 자리에는 카페가 들어서 있다.

202 10월에 조를 벤 뒤 밭에서 이삭만 끊어 오고 조짚은 말려 밭
에 가리로 쌓아두었던 것이다.

12/23 수요일 |맑음|

祖祭事조제사 멧쌀, 좁쌀, 고구마, 양초 2개, 海漁 5개[203]

12/24 목요일 |맑음|

놀기

12/25 금요일 |맑음|

놀기, 本人 김장 담그기 - 식사 대접 3인분 50[204]

소금 1斗

12/26 토요일 |맑음|

알동네 물통 닦기[205], 本人 新村신촌 가기

203 오일장에 가서 조부모님 제사에 쓸 음식과 양초를 샀다.

204 김장을 하고 김장을 도운 이웃에게 식사를 대접했다. 제주도
사람들이 예로부터 김장을 담가온 것은 아니었다. 땅이 거칠
고 건조해 배추 농사도 잘 되지 않을뿐더러 겨울에도 밭에서
푸성귀를 길러 먹을 수 있으니 굳이 김장을 담글 필요는 없었
다. 겨울이 따뜻해 저장도 쉽지 않았을 것이다. 제주도 사람
들이 언제부터 육지처럼 김장을 했는지는 정확하지 않으나
육지에서 온 관리나 유배인들이 김치를 담그는 것에서 퍼져
나갔다는 설이 있다.

205 알동네 먹는 물통은 '새로판물'이다. 알동네는 '선흘곶'(동백동
산) 안에 있는 물통들을 이용했고, 웃동네는 주로 '반못'을 썼

새로판물(상)과 혹통(하).
새로판물은 먹는물로, 혹통은
소말 먹이고 멱감는 물로 알동
네 사람들에게 귀한 물이었다.
ⓒ 이혜영

12/27 일요일 |맑음|

市에 감. 차비, 모욕, 사탕, 옷, 시계, 운동화

12/28 월요일 |맑음|

市에서 옴

12/29 화요일 |맑음|

학교에 가서 옴

수입 5,000원

지출 3,236원

멧쌀 13 ~ 3斗 1승

좁쌀 12 ~ 3斗**206**

다. 그렇다고 엄격히 갈라져 있는 것이 아니어서 서로 오가며
물을 떴다. '새로판물'은 선흘곶 초입에 있던 물통을 선흘 사
람들이 바닥 흙을 걷어내고 담을 쌓아 크게 새로 팠다고 해서
붙은 이름이다. 고병문의 집은 웃동네지만 알동네 물통도 함
께 닦았다. 먹는물은 1년에 한두 번 물통 닦기가 이루어졌는
데, 여기에 참여하는 것은 마을사람의 도리고 의무였다.

206 달마다 남은 곡식의 양을 적고 있다. 멥쌀(밭벼) 도정하지 않
은 것이 13말, 도정한 것이 3말 1되 남아있고, 좁쌀 도정하지
않은 것이 12말, 도정한 것이 3말 남아있다.

열흘 동안의
숯 굽기

숯 굽기는 마을 공동작업으로 이루어지기도 하고, 2~3명이 어울려 함께 구
워 나누거나 어울려 가되 각자 가마를 만들어 굽기도 했다. 고병문도 친구들과
함께 가서 각자 숯을 구웠다. 당시 선흘곶은 마을의 재산으로 나무 베기를 금하
고 있었는데, 선흘곶에서 숯을 묻을 때는 마을계를 조직해 공동으로 작업하는
경우였다. 고병문은 친구와 거문오름으로 가서 숯을 굽곤 했다고 한다.

숯가마는 크게 두 가지가 있었다. 현무암을 둥글게 돔형으로 쌓아 올리고 내
부는 흙을 이겨 발라서 가마를 만들어놓고 장기적으로 사용하는 고정형 숯가마
와 아랫부분만 돌을 두르고 그 안에 나무를 재고 윗부분은 흙으로 덮어 숯을 굽
고 나면 해체하는 해체형 숯가마가 있었다. 선흘곶에서도 고정형 숯가마 2기가
발견되었지만, 대부분의 숯 굽기는 해체형 숯가마에서 이루어졌다. 숯을 만드
는 일은 대체로 이렇게 이루어졌다.

첫날은 나무를 보러 다닌다. 소나무와 동백나무를 빼고는 나무를 크게 가리
지 않았지만 숯 품질이 가장 좋은 것은 가시나무였다. 종가시나무, 참가시나무,

조록나무가 좋은 숯의 재료가 되었다. 소나무는 빨리 타기 때문에 숯을 만들기에 적합하지 않았고, 동백나무는 숯의 재료로는 좋지만 동백기름 생산에 필요했기 때문에 마을사람들 사이에서 베지 않기로 약속되어 있었다. 나무를 보며 숯 구울 가마를 앉힐 자리도 물색한다. 나무를 베어오기 좋고, 바닥이 평탄하며, 주위에 흙도 넉넉해야 좋은 자리다.

둘째 날부터 나무를 하러 다닌다. 적당한 나무를 베어 70~80센티미터 정도 길이로 잘라 숯 재료를 장만한다. 숯을 얼마나 생산할지에 따라 달랐지만 보통 나무를 하는 데 3일이 걸렸다. 고병문은 비가 와서 이틀만 나무를 했다.

다섯째 날은 나무를 잰다. 바닥을 조금 파내며 평평하게 해서 가운데 불이 잘 붙는 '삭다리'(삭정이)를 모아 쌓는다. 마련한 나무들을 삭다리 더미에 기대는 식으로 죽 둘러 세운다. 나무 두께에 따라 여러 겹을 둘러 세우고 직경이 2m까지 되면 돌을 둘러 쌓는다. 그 위로도 층층이 나무를 세워 키 높이까지 쌓아 올린다.

여섯째 날은 나무 더미 위에 흙을 덮을 차례다. 나무에 흙이 바로 닿으면 그 부분은 타지 않게 되니 먼저 잡풀을 한 꺼풀 덮어준다. 그런 다음 흙으로 덮는다. 돌을 쌓을 때는 앞부분이 트이게 해 가운데 삭정이까지 불이 들어가게 길을 만들고, 좌·우·뒤로도 돌을 성기게 놓아 불구멍을 틔워 놓는다. 흙을 덮을 때도 정수리를 다 덮지 않고 조금 열어 바람이 흘러가게 한다.

일곱째 날은 불을 지핀다. 불을 지피기 전에 불이 잘 들어 좋은 숯이 생산되기를 빌며 고사를 지낸다. 그리고 불을 넣어 가운데 삭정이에 불을 지피기 시작한다. 불은 위로 솟구쳐서 가마 한가운데 위쪽 나무에 가장 빨리 불이 붙는다. 나무가 타면서 부피가 줄어들기 때문에 가마 윗부분부터 흙을 눌러가며 다져야한다. 그렇게 하지 않으면 가스가 차 가마가 터지는 수도 있었다. 불을 지핀 뒤에는 숯막에 기거하면서 밤낮으로 가마를 다지며 살폈다.

여덟째 날도 계속 가마 곁을 떠나지 않는다. 좌·우·뒤로 낸 불구멍에서도 불이 나오면 모든 구멍을 막고 흙을 올려주며 다진다.

아홉째 날은 가마가 식도록 내버려 둔다. 이날은 가마를 두고 집에 내려오는데, 이때를 노려 숯을 훔쳐가는 일이 일어나기도 해서 계속 숯막에 머물기도한다.

열째 날 가마를 해체하고 숯을 꺼낸다.

숯을 굽는 모든 과정은 7~10일이 걸렸다. 날씨 영향을 받기도 했는데 바람이너무 없을 때는 불이 잘 붙지 않아 하루가 더 걸리기도 하고, 바람이 센 때는 하루 일찍 끝나기도 했다. 이렇게 생산한 숯은 보통 쌀가마니로 3~4가마니가 나왔다.

선흘에 남아있는 숯문화 유산들. 나무 더미를 둘러쌓던 아랫
돌들과 돔처럼 완전히 돌로 두른 가마, 숯막으로 썼던 직사각
형의 돌담 등이 곳곳에 남아있다. ⓒ 이혜영

고단한
숯 굽기

옛날 제주도 가정에서는 숯으로 생선이나 고기를 꼬챙이에 꿰어 적을 굽고, 화롯불을 피워 난방을 도왔다. 잔치를 앞둔 집은 미리 많은 숯을 마련해놓아야 잔치를 치를 수 있었다. 중산간마을 남자들은 겨울이면 숲에서 숯 생산에 나섰다. 하지만 숯 굽는 일은 고되고 험한 일이었다. 추운 겨울밤을 숲속에서 노숙하며 연기 속에서 일하다 보면 손을 다 갈라져 터졌고, 눈은 짓물렀다. 살림이 넉넉한 사람들은 숯을 굽지 않았는데, 당시 선흘 사람들의 형편은 어려워서 젊은 남자들은 겨울이면 숯을 묻으러 다녔다. 당시 나라에서 벌목을 금지했기 때문에 숯 굽는 일 또한 불법이었지만, 경찰들도 어려운 형편을 이해해 눈감아주곤 했다. 생산된 숯은 김녕이나 조천, 함덕 등지로 팔려 가기도 했지만 숯장사에게 파는 경우가 많았다. 숯장사는 마차를 끌고 중산간을 다니며 숯을 사모아 시에 가서 팔았다. 너무 타서 부서진 '숯보시래기'는 집에서 썼다. 1970년대에 들어 석탄과 석유가 제주도 가정에 보급되고 취사와 난방의 구조가 완전히 바뀌기 전까지 숯 굽기는 계속되었지만, 1980년대에 이르러서는 더 이상 숯을 굽는 사람이 없었다. 숯을 구웠던 가마의 흔적은 지금도 선흘곶 곳곳에 남아있다.

제주 오일장의
역사

일기에 농사 이야기 다음으로 많이 등장하는 내용은 오일장에 가서 무엇을 팔고, 무엇을 샀는지 소상하게 기록한 것이다. 고병문 가족은 1일, 6일이면 오일장에 가서 고사리나 곡식을 판 돈으로 생필품을 구입한다. 먹을 것은 밭에서 기르니 구입하는 것은 제사 용품이나 내의, 신발, 비누 등의 생필품과 해산물이다. 주요 목록을 다시 살펴보자.

5/6 수요일 |맑음|
고사리 40근, 근당 26원, 계금 1,040원
남자 남방 셔츠 100원, 海魚해어 10원, 유아 셔츠 40원,
비누 4개 20원, 좁쌀 1말 75원, 등잔갓 1개 30원, 수건 2개 35원,
런닝 1장 50원

6/6 토요일 |맑음|
남자 고무신 90원, 어린이 고무신 50원, 미역 35원, 어린이 런닝
40원, 유아 런닝 30원, 성냥 15원, 고추 15원, 海魚해어 15원

팟 4되 370원 入

8/21 금요일 |맑음|

술 한 사이다 20원, 옷감 무명(갈옷) 200원, 해어(오징어) 1개
5원, 전지약 1벌 30원, 세수비누 1개 20원, 봉초 2개 12원
깨 2승 300원 入

11/6 금요일 |맑음|

五日場오일장 豆類두류 팔기 小4斗 단가 215
2남 모자 60원, 양말 100원, 쌀 15원, 비누 10원,
성냥 15원, 고무신 60원 本人, 三男 50원, 2녀 신 50원

5월 6일에는 고사리 40근을 팔아 생선, 셔츠, 비누, 좁쌀, 등잔갓, 수건, 런닝
을 사고, 6월 6일에는 팥 4되를 팔아 미역, 생선, 고무신, 런닝, 성냥, 고추를 샀
다. 8월 21일에는 깨 2되를 팔아 제사에 쓸 술을 사이다병으로 한 병, 갈옷 만들
옷감, 오징어, 건전지, 비누, 초를 샀다. 11월 6일에는 콩 4말을 팔아 모자, 양말,
쌀, 비누, 성냥, 고무신 등을 샀다. 물건을 팔고 산 기록은 당시의 물가와 주요
소비품목을 통해 생활상을 가늠해볼 수 있기에 흥미롭다.

고병문 가족은 주로 함덕장을 이용했다. 지금도 함덕장이 서고 있어서 선흘
어르신들은 장날이면 아침 일찍 다녀오시곤 한다. 제주도에 오일장은 언제부터
있었던 것일까?

오일장은 마치 조선시대에도 있었을 것 같지만 이것은 근대의 산물이다. 제

주도에 오일장이 처음 개설된 것은 1906년이었다. 1906년은 제주목사가 폐지된 뒤 동래군수였던 윤원구(尹元求)가 초대 제주군수로 부임한 해였다. 윤원구 군수는 제주읍, 이호, 외도, 애월, 삼양, 조천, 김녕, 세화, 서귀포 등 9개 지역에 오일장을 개설했다. 이때부터 농민들이 오일장을 통해 직접 생산한 생산물을 팔고 필요한 생필품을 사는 경제활동이 본격적으로 이루어지게 되었다.

그 후 일제강점기인 1911년에 발간된 『남선보굴제주도(南鮮寶窟濟州島)』(1911, 大野秋月)에 따르면 이호, 외도는 보이지 않고, 화북, 명월, 성읍, 수산, 남원, 대정, 창천 등지에 개설되며 오일장은 14개로 늘어나고, 1950년경에는 23개, 1970년대 말에는 25개로 계속 늘어났다. 그러나 1980년대부터는 상설 시장의 증가로 오일장은 활기를 잃고 문을 닫기 시작했으며, 2024년 현재에는 제주시, 서귀포시, 중문, 세화, 한림, 대정, 고성, 성산, 표선 9개 지역에만 남아있다.

1963년부터 1969년까지 서문시장 남쪽에서 열렸던 제주오일장. 땔감과 항아리들이 보인다. 언덕 위에 보이는 기다란 건물은 제주여객 사무실이다. ⓒ 제주특별자치도, 공공누리

1월 겨울 일거리

2월 겨울에 세상을 등지고

3월 수눌어 김매고, 수눈값 갚아 김매고

4월 일어서는 봄

1965년

겨울
일거리

제주의 겨울은 춥다.
기온이 영하로 내려가는 일은 드물지만,
바다를 건너온 북서풍이 몰아치면
납작 엎드려야 한다.
구들에 불을 때도 흙집은
한기가 가시지 않았다.
가족들이 모여 앉아 화로에 숯을 때고
마당에 묻어놓은 고구마를 꺼내와
구우면 다시 온기가 퍼졌다.
추운 겨울이라 해도
새벽마다 물허벅을 지고 물을 뜨고,
불을 때고, 맷돌질을 하는 일상은 계속되고 있다.
조금 여유가 있을 때 멱서리를 짜고,
부서진 구덕을 수리하며 봄을 준비한다.
쇠막에 들여놓은 소들도 추위를 견디고 있다.
정월 명절을 준비하느라
1년을 기른 돼지를 잡았다.

ⓒ 이혜영

1965년

1월

1/1 금요일 |흐림|

1/2 토요일 |흐림|

친목회 종감대**207**로 100원 지출

長女 이시돌목장 일하기**208**

1/3 일요일 |맑음|

장녀 계돈 100원 지출, 장녀 이시돌목장 일하기

1/4 월요일 |맑음|

목장일하기 장녀 80원

1/5 화요일 |맑음|

市에 가기 車費차비 20원**209**, 內衣내의 100원, 노트1 모조지1 10원

장녀 목장일 80원

1/6 수요일 |맑음|

이시돌목장 장녀

1/7 목요일 |맑음|

이시돌목장 장녀, 장남 8시간, 장녀 계돈 100원

207 종감대는 씨고구마값을 말한다. 친목회에서 고구마 농사를 함께 지었던 모양이다.

208 이때 이시돌목장의 개척농가가 선흘리의 알바매기 오름 아래에 조성되고 있었다. 목장을 만들고, 집을 짓고, 돌담을 나르는 노동력이 많이 필요해 선흘 사람들뿐만 아니라 인근 지역에서 수십 명이 일하러 다녔다고 한다.

209 1962년에 한일여객이 문을 열면서 제주도에서 최초로 시내버스가 운행되었다. 그 전에는 시내에 일이 있으면 선흘에서 새벽에 길을 나서 걸어서 다녔다. 고병문이 타고 다녔던 버스는 이런 모습이었다.

관덕정에서 김녕을 거쳐
송당을 오가는 버스에
오르는 사람들(상)
일주도로를 달리는 버스(하)
ⓒ 제주특별자치도, 공공누리

1/8 금요일 |눈|

1/9 토요일 |흐림|

1/10 일요일 |흐림|
삼성서 일하기 장녀 장남[210]

1/11 월요일 |눈|

1/12 화요일 |눈|
돼지 잡음 4,000원 入입[211]

1/13 수요일 |눈|

1/14 목요일 |흐림|

1/15 금요일 |흐림|

1/16 토요일 |흐림|
장밭 점심대접 동식[212]

1/17 일요일 |맑음|

210 이시돌목장에서 일했다는 것이다. 목선동과 알바매기오름 일대는 '삼성재단'의 소유였는데, 이 땅을 이시돌목장이 샀다고 한다. 그래도 이곳을 계속해서 삼성이라고 부르곤 했다. 제주에서 '삼성'은 기업 이름이 아니라 탐라국을 일으킨 고씨, 양씨, 부씨 세 성씨를 이르는 삼성(三姓)이다. 이 세 성씨가 만든 재단의 정식 이름은 '고량부 삼성재단'이다.

211 다가오는 설에 쓰기 위해 '돗추렴'으로 고병문네의 돼지를 잡아 여러 집과 가르고, 돼지고기 값으로 4,000원을 받았다. '돗추렴'은 여럿이 돈을 모아 돼지를 잡아 나누는 것을 말한다.

212 장밭은 장지를 말한다. 고병문의 친구 동식이네 집에 장례가 있어 장지에서 조문객들에게 점심을 대접하는 일을 도왔다.

1/18 월요일 |흐림|

돼지새끼 사옴 한 마리 350원 지출[213]

1/19 화요일 |흐림|

이시돌목장 장남 장녀 8시간 7kg 양곡[214]

1/20 수요일 |흐림|

목장일 장남 장녀 8시간 7k

장남 친목회 돈 냄 50원

1/21 목요일 |흐림|

목장일 장남 장녀

1/22 금요일 |흐림|

목장일 장남 장녀 개란 3개 16원 入[215]

1/23 토요일 |흐림, 비|

이시돌목장 2인 5시간 午前오전

1/24 일요일 |맑음|

차비 3인분 50원, 극비 40원, 졸때 20원

213 빈 돗통시에 '자릿도새기'를 넣었다. 어미 젖을 뗀 생후 한 달 쯤 되는 새끼 돼지를 자리돔처럼 조그맣다고 '자릿도새기'라고 했다.

214 이시돌목장에서 일하고 곡식으로 품삯을 받기도 했다.

215 이시돌목장에서 일하고 하루 품삯에 더해 계란 3개도 받아왔다.

자릿도새기
ⓒ 제주특별자치도, 공공누리

1/25 월요일 |맑음|

해어 100원어치

1/26 화요일 |흐림|

제사

1/27 수요일 |맑음|

市에 감 장녀

1/28 목요일 |흐림|

목장일 장남

· 1/29 금요일 |비|

1/30 토요일 |흐림|

1/31 일요일 |비|

성이시돌
목장

1월에 들어서니 고병문과 여동생은 날마다 이시돌목장에 가서 일하고 있다. 다른 해 같으면 1월에도 숯을 묻으러 다니거나, 땔감을 해 팔러 다녔겠지만, 이들은 목장에서 일하고 품값을 현금으로 받기도 하고 곡식으로 받아오기도 한다. 거친 숯 굽기나 땔감하기보다 목장일이 덜 힘들었고, 거의 날마다 일할 수 있어서 살림에도 큰 보탬이 되었다. 이시돌목장 외에도 임금노동을 할 수 있는 곳이 생겨나 제주 사람들의 수입 구조가 조금씩 변화하고 있었다.

'성이시돌목장'은 아일랜드에서 온 맥그린치 신부가 제주도민들의 경제적 자립을 위해 1961년 북제주군 한림읍 금악리에 조성한 실습 목장이다. 로마 가톨릭 교회에서 성인의 칭호를 받은 스페인 농부 '이시돌'의 이름을 딴 것이라고 한다.

맥그린치 신부는 1957년부터 제주도에서 사회사업을 시작했는데, 농촌 청소년의 자립을 돕는 4H 단체를 조직하고, 외국 품종 돼지를 들여와 4H 회원들에게 무상으로 빌려주고 새끼를 낳으면 2마리를 받아 다시 빌려주는 '돼지은행'을 운영했다. 이후 양돈 실습을 위해 조성한 '성이시돌목장'은 제주도 최초의 기업

형 목장이라고 할 수 있지만, 그 목적이 이윤추구에 있지는 않았다. 맥그린치 신부는 비영리 재단법인인 농촌산업개발협회를 설립하고 20~30대의 젊은이들을 교육하는 활동을 시작한다.

 1963년 12월에 선흘리 알바매기오름 일대에 첫 개척농가 마을을 조성해 입주시켰다. 지금도 남아있는 '테쉬폰'이 당시 개척농가에게 주어진 원룸형 주택이었다. 개척농가는 농사를 지으며 양돈사업을 시작했는데 이때 마을 조성 공사나 축사 증축이라든지 돼지 사육, 농사일 등에 일손이 많이 필요해 많은 사람들이 일당을 받으며 일하러 다녔다. 개척농가 마을은 다른 지역에도 조성되어 1976년까지 98세대가 입주하게 된다. 호주와 뉴질랜드에서 들여온 돼지는 제주도 양돈사업의 기틀이 되었다. 동시에 제주도 토종 돼지가 밀려나는 길의 시작이기도 했다.

1960년대 말 이시돌협회는 제주도에서 기른 돼지를 최초로 홍콩으로 수출했다. 수출을 위해
양돈 검사와 포장 작업을 하는 모습이다. ⓒ 제주특별자치도, 공공누리

제주의
근대 공장들

이시돌 목장과 같이 일정한 노동을 하고 임금을 받는 임금노동은 일제강점기에 시작되었다. 근대 공장이 등장했기 때문이다. 지금과 같은 대규모 공장은 아니지만 현금을 손에 쥘 기회가 거기 있었기 때문에 농한기 때나, 농사 틈틈이 젊은이들은 공장에서 일할 기회를 찾았다.

1960년대에 함덕 해변에는 무말랭이 공장이 자리잡고 있었다. 농가에서 생산한 무를 대량으로 사들여 바닷물에 세척하고 기계식 절단기로 무채를 썰어 바로 널어 말렸다. 이 공장이 있던 곳은 바로 함덕해수욕장 서쪽에 유명 카페가 들어선 자리다. 생산한 무말랭이는 대부분 일본에 수출되었다고 한다.

한림면 옹포리에는 일제시대에 건설된 통조림 공장이 있었다. 그곳에는 통조림 공장 말고도 얼음 공장, 녹말 공장, 제약소 등도 있었다. 조선 최대 통조림 공장인 다케나카 공장은 서울과 부산에 사무소를 두고 나주·마산·청진·울릉도에도 공장을 세웠다. 일본과 가장 가까운 제주도에 공장을 세운 것은 중국 침략을 염두에 둔 것이라고도 한다. 이 공장에서는 어패류만이 아니라 쇠고기, 완두 등을 통조림으로 만들었는데, 제품 일부는 오사카를 통해 일본에서 팔았으나 대부분은 군수품이었다. 다케나카 통조림 공장은 일본 선박회사인 '마루사'를 두고 화물선을 운영했고, 얼음 공장도 운영할 정도로 대단했던 모양이다.

성산포에는 요오드 공장이 있었는데, 요오드는 해조류인 감태에서 뽑아내고 있었다. 요오드를 폭탄 연료로 쓸 목적으로 만든 공장이었다. 제주도의 해녀들은 이 공장에 감태를 팔아 한때 큰 돈을 벌기도 했다. 성산에도 통조림 공장이 있었는데, 이곳은 일본 수출 목적으로 '구젱기'(소라) 통조림을 제조하는 곳이었다. 통조림공장 옆에 단추공장이 나란히 있어서 소라 껍데기를 오려 단추를 만들어 유럽에 수출했다고 한다. 이 밖에도 고래 기름을 생산하는 고래공장, 목화씨에서 기름을 짜내는 공장, 소주공장 등이 있었다.

함덕 무말랭이 공장. 앞쪽에는 세척한 무가 쌓여있고, 길게 늘어선 기계로 무채를 썰어 수레 뒤쪽에서 펼쳐 말렸다. ⓒ 제주특별자치도, 공공누리

돼지 잡기

1년을 키워 100근(60kg) 정도 되면 돼지를 잡았다. 잔치 음식을 목적으로 하거나 '돗추렴'으로 돼지를 잡았는데 혼례를 치를 때는 반드시 돼지를 잡았다. '돗추렴'은 돼지고기를 마련하기 위해 여럿이 돈을 모아 돼지를 잡아 나누는 것을 말한다.

돼지를 잡기 위해서는 먼저 '돗통'에서 돼지의 목에 줄을 매어 몰고 나와 큰 나뭇가지에 달아매어 돼지의 숨통을 끊었다. 숨이 끊어진 돼지를 끌어내려 손으로 굵은 털은 뽑아내고, 보릿짚 따위를 덮고 불을 붙여 잔털을 태워 제거했다. 마른 고사리를 덮어 '고사리불'을 놓기도 했다. 그리고 재를 털어내고 물을 부어가며 칼로 밀어 깨끗이 씻었다.

칼로 목을 찔러 피를 받아둔 뒤, 돼지고기는 12부분으로 분육했다. 12부분은 머리, 앞다리 2쪽, 뒷다리 2쪽, 갈비 2쪽, 목도래기(목살), 접작뼈(앞다리 위 어깨살), 숭(뱃살), 일른(등허릿살), 비피(엉덩이살)다. 무게를 재어 나누거나 팔 때는 저울을 빌려와야 했는데, 저울값으로 돼지 간의 1/4인 '한거림'을 저울 주인에게 주었다. 추렴으로 돼지를 잡았을 때는 간, 새끼보 등은 생으로, 나머지 내장은 삶아서 함께 먹었다. 잔치를 위해 돼지를 잡았을 때는 소장과 대장으로 순대를 만들었다. 순대는 돼지 피와 메밀가루 또는 보릿가루, 부추 등을 섞어 소를 만들어 돼지 내장에 채워넣은 뒤 삶아서 만들었다. 다른 내장은 모두 잔치 음식으로 사용했다.

누구네 집에 돼지를 잡는다고 하면 먹을 것이 좀 떨어질까 아이들이 주렁주렁 붙었다. 어른들은 아이들을 박대하지 않고 챙겼다. 돼지는 1년 내내 돗거름을 만들어 보리씨가 맺히게 해주고 또 사람 기운도 돋게 해주며 죽었다. 그리고 다시 새끼 돼지가 고병문네 돗통시에 들어와 식구가 되었다.

1년 정도 기른 돼지를 잡아 잔치를 준비해 마을 사람들과 고루 나누었다. ⓒ 이혜영

겨울에
세상을 등지고

겨울 동안
고병문의 가족에게
여러 차례의 장례가 찾아온다.
11월에 삼촌이 돌아가시고,
1월에는 마을에 상이 나고,
2월에는 진룡 아버지가 돌아가시고,
3월에는 선옥 시아버지와 와산의 사돈이
돌아가신다.
봄부터 가을까지는
한 차례의 장례도 없다가
겨울에 이렇게 상이 많은 것은
의약품과 의료시설이
거의 없다시피 했던 60년대에
지병이 있던 사람이나
쇠약한 노인들이
추운 겨울에 손써볼 수 없이
돌아가셨던 것이다.

1965년

2월

2/1 월요일 |눈|

2/2 화요일 |흐림|

明節명절**216**

2/3 수요일 |흐림|

진룡부 死亡사망, 세배돈 10원

2/4 목요일 |흐림|

景敦경돈이 집에 옴

2/5 금요일 |흐림|

집에서 景敦경돈이와 놀았다. 仙仁洞선인동 가옴

2/6 토요일 |흐림|

市시에 감. 親睦會친목회 부조금으로 同心동심 350원,

一進會일진회 40원**217**

右贊우찬이도 部隊부대에 入隊입대, 市에까지 同行동행. **218**

車費차비 20원, 극비 60원, 풀떡

2/7 일요일 |맑음|

門中會문중회 參席참석**219**

216 설날이다. 제주도 사람들은 음력 1월 1일인 설날을 '정월멩질'
이라고 한다.

217 진룡의 아버지 장례에 부조하기 위해 친목회에서 돈을 걷었
다. 진룡은 동심친목회의 회원이었다.

218 당시 마을 청년이 군에 입대하게 되면 친구들은 입영 전날 저
녁에 모여 송별회를 하고, 떠나는 날 아침에는 마을사람들이
모여 태극기를 어깨에 매어주고 송사와 답사를 하는 전송식
을 열었다고 한다. 친한 친구들은 제주항까지 나가 전송했다.

219 고씨 문중의 신년회의에 장남 고병문이 참석했다. 신년회의
에서는 문중회의 수입지출 등을 보고하고, 문중 묘지와 비석
문제 등을 의논했다고 한다.

2/8 월요일 |비|

奉皆봉개서 놀다 市에 옴. 극비 20원(스팔타카스)**220**

2/9 화요일 |비|

市에서 옴. 문고리 4개 20원, 車費차비 15원

2/10 수요일 |흐림|

장밭에 감, 진룡부**221**

2/12 금요일 |맑음|

놀기

2/13 토요일 |맑음|

이시돌목장에 일함 장남 장녀

2/14 일요일 |맑음|

이시돌목장에 일함 장남 장녀

2/15 월요일 |흐림|

이시돌목장 일함 장녀 장남

2/16 화요일 |흐림|

景敦경돈이네 집에 삭망 먹고**222**

220 '스팔타카스(Spartacus)'는 스탠리 큐브릭 감독의 1960년작으로 로마의 전설적인 검투사의 일대기를 그린 작품이다. 커크 더글라스가 주연을 맡아 아카데미상을 휩쓸고 전 세계적인 흥행을 기록했다. 제주도에는 1964년 9월에 개봉되어 같은 해에 개관한 극장들에서 절찬상영 중이었다.

221 고병문은 진룡이 아버지의 장지에 가서 일을 도왔다. 7일장이었다.

222 삭망은 돌아가신 이를 그리며 매달 초하룻날과 보름날 아침에 지내는 제사다. 제주 사람들은 제사에 참석하러 간다는 것을 '제사 먹으레 간다'고 표현한다. '삭망 먹고'도 삭망에 참석했다는 것이다.

'스팔타카스'의
영문 포스터

235

친목회 64년도 차용금 갚음 520원, 500원 차용[223]

400원 지출 인국 결혼 부주

2/17 수요일 |흐림, 비|

景敦집에 일봐줌, 경돈이네 집에 부주돈으로 70원[224]

2/18 목요일 |맑음|

景敦이 집에 대상 3 식사[225]

장녀 이시돌목장 일하기, 개란 4개 30원

2/19 금요일 |맑음|

本人 김매기, 리발비 30원

2/20 토요일 |비|

2/21 일요일

肥料代비료대 요소 12k, 유안 28k 830원

목장일 장녀

2/22 월요일 |맑음|

목장일 장녀

도정 120ℓ 쌀 56ℓ

223 고병문은 친목회에서 작년에 빌린 520원을 갚고, 새로 500원을 빌렸다.

224 고병문은 다음 날 있을 '대상'을 준비하는 경돈이네에서 일도 돕고, 부조도 했다. '대상'은 망자가 돌아가신 지 3년이 되는 날 지내는 제사를 말한다.

225 경돈이의 할아버지가 돌아가신 지 3년이 되어 '대상'을 지냈다.

2/23 화요일 |맑음|

김매기 장남, 목장일 장녀

2/24 수요일 |맑음|

김매기 순음 3명, 집안식구 5명²²⁶

김매기 순음 3명, 집안식구 5명[226]

2/25 목요일 |맑음|

借用차용함. 장녀 계돈 1,000원

김매기 본인 장녀 3인 순으러서 맴[227]

목장일 한 품 현품으로 45kg 가져옴[228]

2/26 금요일 |흐림, 눈|

김매기 2인 그리고 2사람 순으러서 하다 午後오후에는 못함

장남 市에 감, 車費차비 17원, 영화비 20원

2/27 토요일 |흐림|

요소 25k대 700원, 자전차 비 10원, 빵 10원

2/28 일요일 |맑음|

車費 34원, 肥料비료 施肥시비함 2인 순은값 품

이달 들어온 돈 3,030원 / 이달 나간 돈 3,836원

226 수눌은 값을 갚으러 3명이 와서 일해주었다. 집안 식구 2명과
함께 총 5명이 보리밭 김매기를 했다.

227 3명이 수눌어서 어머니와 여동생까지 5명이 보리밭 김을 맸다.

228 2월에 일한 품삯을 모두 곡식으로 받았던 것 같다.

제주의
장례 문화

　제주도 사람들은 삶이 고단하고 척박했던 만큼 죽음의 의식을 아주 소중하게 여겼다. 병원이 없던 시대에 임종은 집에서 맞이하는 것이었다. 임종이 확인되면 아궁이의 불을 끄고, 시신을 바르게 눕혀 손발을 가지런히 하고 귀와 코를 솜으로 막았다. 시신을 홑이불로 덮고 병풍으로 가린 다음 촛불을 밝히고 향을 피워 곡을 했다.

　가족들이 의논해 상제(喪制)를 정하고 장례 절차를 잘 아는 친척 어른에게 호상(護喪: 초상 때 상례에 관한 일을 주선하고 보살피는 사람)을 청한다. 고인의 자녀들과 며느리, 사위뿐만 아니라 친한 친구도 상제가 되었다. 지관(地官)에게 묻고 호상과 의논하여 발인일이나 하관하는 때를 결정하면 마을 하인을 시켜 동네를 일일이 돌아다니며 부고(訃告)를 전하게 하였다. 발인일이 정해지는 데 따라 짧게는 3일장, 길게는 7일장을 치르는 집도 있었다.

　장례는 마을 사람들이 함께 준비했다. 부고를 전해들은 마을 사람들은 일손을 놓고 서둘러 물구덕을 지었다. 장례를 치르자면 음식을 하고 그릇을 씻느라 많은 물이 필요하니 누구나 물 한 허벅씩은 상가집에 지어다주며 '물부조'를 했다. 그리고 가까운 이웃이나 친족은 아이들까지 가서 '부름씨'(심부름)를 하며 일을 거들었다. 마을 여자들은 모여 부지런히 호상옷과 상복을 만들었다. 제주에서는 수의(壽衣)를 '호상옷'이라고 한다. 관은 목수를 빌려서 소나무를 잘라 만들었는데, 관을 짤 때는 사돈집에서 쑤어온 팥죽을 나누어 먹었다. 사돈은 팥죽과 함께 소의 허벅다리를 가져와 부조했다. 호상옷이 지어지면 시신을 염습(敛襲)했다. 염습은 시신을 씻기고 수의를 입혀 입관하는 모든 절차를 말한다.

입관이 끝나면 상제들은 상복을 갖추어 입고 성복제를 지냈다. 8촌까지의 친족과 가까운 이웃을 복친(服親)이라 하고 이들은 두건과 '복수건'을 썼다. 조문은 입관을 하고 성복을 한 뒤부터 받기 시작했지만 본격적인 조문은 '일폿날'에 이루어졌다. 일폿날은 일포제(日晡祭)를 지내는 날을 말한다. 일포제는 출상 전날 밤 망자와 마지막 이별을 고하는 제사다. 제주에서는 장례 일정 가운데 하루를 반드시 일폿날로 두어서 이때 조문을 하기에 상이 났다고 하면 반드시 일폿날로 언제인지를 알아본다. 그래서 고병문의 일기에도 일포가 언제인지가 꼼꼼히 적혀 있다.

제주도는 부조문화도 육지와는 조금 다르다. 남자들은 제상 옆에 따로 마련된 작은 상에 부조금 봉투를 올려놓고, 여자들은 따로 여상제에게 부조했다. 지금도 제주도의 장례식장에는 입구에 부조함 같은 것은 없고, 제상에 올려놓거나 조문객이 지인에게 직접 부조한다. 또는 이 두 가지를 다 하기도 한다.

장지에서는 '고적떡'을 상여꾼들에게 나누어 주며 노고에 감사하는 풍습이 있다. 고적떡은 친족들이 준비하는 것으로, 상을 당한 이들의 부담을 덜고 연대

상여가 집을 떠나기 전 발인제를 지내고 있다. 큰며느리가 시어머니의 영정을 모시고 있다.
ⓒ 강병수

하는 부조의 의미다. 친족의 부인들은 고적떡을 마련해 아무리 먼 곳이라 해도 등에 지고 장지로 갔다. 봉분 쌓기가 모두 끝나면 친족들이 '피력'을 하기도 하는데, 떡이나 수건, 양말 같은 것을 마련해 상여꾼과 장지로 가는 모든 이들한테 나누는 것을 말한다. 또한 특별히 수고한 사람에게 '공정'이라 하여 따로 음식을 챙겨주는 것도 관례였다.

발인(發靷)날이 되면 아침 일찍 상여접꾼들이 상가에 모여 식사를 하고 함께 상여를 꾸몄다. 상여가 다 준비되면 고사를 지내고 운상(運喪)을 시작한다. 운상을 시작하면 원미상을 차려두었다가 그 앞길에 조금씩 떠 던지며 나갔다. 원미는 메밀로 쑨 미음이다. 행상 행렬이 지나가는 길목에서도 친척과 이웃들이 원미상을 차려놓고 상여가 지나갈 때 조금씩 떠 던졌다. 저승 가는 길에 망자가 배고프지 않게 메밀 미음을 올리는 것이다.

동네 바깥으로 나가면 비로소 상여소리를 부르기 시작했다. 선소리꾼이 서서 요령을 흔들며 소리를 하면 운구하는 장정들이 후소리를 받아 부르며 오금에 사기를 돋웠다. 상여는 8명이 메었는데, 장정들이 번갈아 메고 쉬며 장지로 향한다. 길이 험하고 멀어 어깨에 굳은살이 박일 정도로 힘든 일이었다. 망자의 자녀들은 '방장대'라고 하는 상장을 짚으며 운구행렬을 따랐다. 아버지가 돌아가시면 대나무로, 어머니가 돌아가시면 머귀나무로 만들었다.

장사를 지내기 전날 밤 제관은 묫자리에 가서 땅의 신에게 올리는 토신제를 지냈다. 그리고 발인날 새벽에 마을 장정들이 가서 미리 묫자리를 파놓는다. 장지에 행상 행렬이 도착하면 받아놓은 하관 시간이 되기를 기다려 하관제를 지내고 하관했다. 하관을 마치면 봉분을 쌓고 잔디를 입히기 시작했다. 흙을 파고 날라 쌓으며 다져나갔다. 봉분을 다 쌓고 나면 다시 토신제를 지내 땅의 신에게 알렸다.

상여소리인 '행상소리'와 봉분을 쌓을 흙을 파내며 부르는 '진토굿파는소리', 봉분을 다지며 부르는 '달구소리', 호상인 경우에 벌이는 상여놀이에서 부르는 '꽃염불소리'를 아울러 '제주도 영장소리'라 하고 이는 제주특별자치도 무형문화제 제22호로 지정되어 있다.

제주에서는 특별히 봉분 주위에 사각형으로 돌담을 둘렀는데, 이를 '산담'이라고 한다. 산담은 봉분을 다지고 바로 쌓기도 하지만 대개는 따로 좋은 날을 잡아 쌓았다. 산담은 일반적인 돌담과 달리 높이는 어른 허리 아래로 낮았지만 폭을 1m 정도로 두껍게 쌓았는데, 소가 건너 들어갈 수 없도록 하는 방비였다. 정면 가운데에는 구멍을 뚫어 귀신이 드나드는 문으로 삼았다.

제주도 사람들은 부모님이 돌아가신 뒤에도 상을 마련하고 3년 동안 매일 아침, 점심, 저녁으로 밥을 떠놓았다. 이를 '상식'이라고 한다. 또한 음력 1일과 15일 아침에 '삭망'이라 하여 제사를 지내고, 돌아가신 지 2년이 되면 '소상제'를, 3년이 되면 '대상제'를 지내고, 대상 후 100일이 지나 '담제'를 지내고 나면 탈상했다.

'따비'와 곡괭이로 못자리를 파는 상두꾼들 ⓒ 홍정표

수눌어 김매고,
수눈값 갚아　김매고

봄이 왔다.
봄은 보리밭에
제일 먼저 오는 듯싶었다.
보리밭 잡초들이 웅성웅성 일어나
돗거름으로 채워놓은 땅의
양분을 다 먹어버릴 참이다.
김매기로 봄농사가 시작된다.
보리밭 김매기가 급하니
수눌음으로 서둘러 김을 매었다.
품을 빌리고 품을 갚으며
보리밭, 유채밭 김을 매며
3월은 바삐 간다.
그 공으로 커가는
보리와 유채를 보면
마음에 의지가 되었다.

© 홍정표

1965년

3월

3/1 월요일 |맑음|

남이 김매기 순는값 본인 장녀, 장남 시비함 8시간[229]

3/2 화요일 |맑음|

김매기 油菜田유채전 7시간, 시비함 유채田에 長男 5시간

3/3 수요일 |맑음|

주재원[230] 한태서 100원 입, 순눈값 뭄 2인[231]

3/4 목요일 |흐림|

김매기 유체 본인 장녀 7시간

3/6 토요일 |맑음|

함덕中學校중학교 往來왕래 장남[232], 2남 운동화 85원

순음값 물러 감[233]

10원은 계문이에게, 장남 사탕값 50원

3/7 일요일 |흐림|

長女 김매기 外人, 本人 채종 7시간[234]

3/8 월요일 |맑음|

김매기 본인 채종 김매기 8시간, 장녀 순운값[235]

229 어머니와 여동생은 수눌어서 보리밭 김매기를 도와준 이웃집에 김매기 해주러 가고, 고병문은 밭에 거름을 주었다.

230 '주재원'은 농림부에서 파견된 공무원이다. 선흘에 살면서 농사 일기 작성을 독려하고 관리했다. 농사 일기를 제출한 값으로 100원을 받았다.

231 어머니와 여동생이 이웃집에 품을 갚으러 갔다.

232 고병문이 막냇동생의 중학교 입학 서류를 처리하기 위해 다녀왔다.

233 어머니와 여동생은 오늘도 이웃집에 품을 갚으러 갔다.

234 여동생은 이웃집에 품을 갚으러 가고, 어머니는 무밭의 김을 맸다.

235 오늘도 어머니는 무밭 김을 매고, 여동생은 이웃집에 품을 갚으러 갔다.

3/9 화요일 |맑음|

김매기 본인 채종 6시간, 장녀 순은값

3/10 수요일 |흐림|

김매기 본인, 장녀 순은값 감

3/11 목요일 |맑음|

장남 中學校중학교 往來왕래, 입학금 이남 1,000원,

호적초본 대금 20원

장녀 김매기 순은값

조 120ℓ, 좁쌀 64ℓ, 품삯 2승, 겨 25승, 콩 제분, 1승, 1.5승, 품 3원[236]

3/12 금요일 |맑음|

김매기 장녀 남이거 순운값, 본인 맥류 6시간[237]

2녀 교과서 5권 대금 80원, 입학급 310원 이남

3/13 토요일 |맑음|

빨래하기 長女 5시간, 조 말리우기 本人

車費차비 5원, 우표 4원, 극장비 50원, 長女 계돈 100원

3/14 일요일 |맑음|

집안 치우기 장남, 장녀 빨래, 本人 순을기 10시간

236 방앗간에서 조를 도정했다. 조 120리터를 도정해 좁쌀 64리터와 겨25되를 받아왔다. 콩은 가루를 냈는데 1되가 부풀어 1.5되가 되었다.

237 여동생은 품을 갚으러 가고, 어머니는 혼자서 보리밭의 김을 맸다.

3/15 월요일 |비|

長男 경돈이 관계로 面면으로 市시까지 出출장[238]

3/16 화요일 |비|

조천 감. 아주머니에게 50원 받음

在籍等本재적등본 通통함. 경돈모 40원.

내가 동환이 호적등본 1통 60원 내줌. 차비 10원, 三寸삼촌과
2인.[239]

3/17 수요일 |맑음|

동환모가 조밤 사줌. 市시에 감. 차비 동안모 냄.

동안모 앞에서 10원 받음. 동안 이모에게 받은 돈이 우동 30
원, 차비 18원.

3/18 목요일 |맑음|

피용노동에는 우리집에서 남이집에 가서 일해준 것,

그리고 순운값 찾아와서 우리집에서 맨 것은 품앗이라고 함.

줄비다.[240]

3/19 금요일 |맑음|

경돈 처로부터 1,100원.[241] 가면서 차비 24원, 극비 20원.

식사 대접받음. 3때 70원.

238 군에 가있는 고병문의 친구 경돈이가 독자로 조기 제대를 신청할 수 있다고 해서 알아보러 다녔다.

239 고병문은 경돈이의 가족과 서류를 발급받으러 다녔다. 동환이는 경돈이의 친척이다.

240 초가지붕 위를 바둑판처럼 얽어매는 '집줄'을 꼬는 일을 말한다. 집줄은 짧은 '새'(띠)인 '각단'으로 꼬았는데, '호렝이'와 '뒤치기'를 이용해 두 사람이서 하는 일이다. 초가지붕을 새로 이기 위해 준비하고 있다.

241 그동안 준비한 서류를 접수하기 위해 경돈이의 아내에게 접수비를 받아 시내에 갔다.

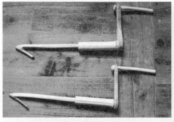

호렝이(왼쪽)와
뒤치기(오른쪽)
ⓒ 고광민

서있는 사람이 호렝이를 들고 빙빙 돌리며 집줄을 꼬아나가고 있다. 이렇게 꼰 줄을 다시 두겹으로 꼬려고 앞에 뒤치기를 박아놓았다. ⓒ 홍정표

3/20 토요일 |맑음|

파고다 3갑 105원, 극비 40원, 차비 16원, 경문 8원, 사탕 10원

3/21 일요일 |맑음|

밀가루 타움[242] 本人본인 5일장 봄. 팥 판매 8ℓ 400원,

콩 판매 8ℓ 220원

장여 계돈 100원, 本人 그릇제 300원[243]

3/22 월요일 |맑음|

장남 목장일 함. 본인 김매기 10시간, 장여 길닦기

3/23 화요일 |비|

점심, 저녁 대접 받음, 벗.

3/24 수요일 |맑음|

제사 할머니. 쌀 4ℓ[244]

3/25 목요일 |맑음|

김매기 본인, 장여 멕류 5시간씩[245]

3/26 금요일 |맑음|

市시에 감. 600원 아주머니에게 타서, 담배(금관) 세 갑 90원.[246]

242 길닭은 값으로 밀가루를 받아왔다.

243 어머니가 곗돈을 냈다. '그릇제'는 '그릇계'인데, 그릇을 공동으로 구매하고 계원들이 장례나 잔치를 치르게 되면 가져다 쓰는 계다.

244 멥쌀을 사와서 할머니 제사를 지냈다.

245 어머니와 여동생이 보리밭의 김을 맸다.

246 아주머니는 경돈이의 처를 말한다. 경돈이의 조기제대 서류를 처리하기 위해 공무원에게 담배를 주었던 모양이다.

차비 34원. 점심 30원

本人 선옥의 씨父_부 장사밭에 감. 술 1병 60원[247]

3/27 토요일 |맑음|

本人본인 양대못[248] 가옴. 메밀쌀 4ℓ.

김매기 本人, 長女 5시간

3/29 월요일 |맑음|

경돈이 관계로 시에 감. 1,380원 가지고 가 담배 300원,

식사비 370원.

내가 극비 50원, 식사비 50원, 빼라 10원[249], 빵 10원,

책 10원, 차비 16원

계 46원

臥山와산 사돈 사망.[250]

3/30 화요일 |맑음|

市에서 옴. (차비 17원, 극비 30원)

밀가루 판매 45Kg 1,450원[251], 차비 37원,

장여 피부약 450원, 멜치 80원

이달 나간 돈 2,739원 / 이달 들어온 돈 2,170원

247 어머니는 친구 선옥의 시아버지가 돌아가셔서 장지에 술을
사가지고 갔다.

248 조천리에 있는 마을 이름이다. 여기 사촌언니가 살았다.

249 '뻬라'는 구둣주걱이라고 한다.

250 어머니 여동생의 시아버지가 돌아가셨다.

251 '길닭이' 값으로 받은 밀가루를 팔았다.

수눌음의
실제

2월 말부터 수눌음이 시작되어 3~4월에는 어머니와 여동생은 보리밭, 무밭, 유채밭 김매기에 여념이 없다. 수눌어서 김매고, 수눌은 값 갚으러 가서 김매고, 꼬리에 꼬리를 무는 김매기가 계속된다. 수눌음은 제주도 방식의 품앗이다. 고병문의 일기에 나타난 노동 형태는 일해 준 값을 일로 갚는 수눌음 외에도 품삯을 돈이나 곡식으로 받는 고용 형태의 일도 있고, 무상으로 일해주는 경우도 있다.

주고받은 노동 내용

연번	날짜	일기 내용	노동 형태	노동 내용
1	5/15	어머니는 순을려 가고	수눌음	먼저 일해줌 1인
2	5/24	本人 長女 품앗이, 작업시간 10시간	수눌음	먼저 일해줌 2인
3	5/26	장녀 피용노동 父 유체 비기 10시간	무상	아버지네 유채밭 일해줌
		本人 수눌기 제초작업	수눌음	먼저 일해줌 1인
4	6/9	母女는 채종 수늘래 옥생 집에서	수눌음	먼저 일해줌 2인
5	6/15	채종자 태디기 본인 장녀 장남 조력원	고용함	조력원 고용 1인

연번	날짜	일기 내용	노동 형태	노동 내용
6	6/22	옥생 英內 콩田 갈아주기 11시간	수눌음	먼저 일해줌 1인
7	6/23	英內 콩 갈아주기 3시간	수눌음	먼저 일해줌 1인
8	7/2	송자네 소 순으러서 밭감.	수눌음	송자네 소를 빌려서 조밭을 감
9	7/3	조파종, 좁씨 3승, 밭 밟으기	수눌음	고병문네 조 파종에 이웃들이 와서 밭을 밟아줌. 몇 명이 왔는지는 나오지 않음
		長男 어제 순은값으로, 밭 밟어주러 갔다.		고병문은 송자네에서 소 빌린 값을 갚으러 밭을 밟아주러 감
10	7/8	2人 文三 풀치기 200원	고용됨	
11	7/9	순봉이母 재초작업 2人 9시간	수눌음	어머니와 여동생이 순봉이네에 가서 김매기
12	7/13	文三 김매기 2人 10시간	고용됨	어머니와 여동생이 문삼이네에 가서 김매기
	7/20	피용노동 長女 김매기 10시간	수눌음	
13	7/23	콩전 2인 10시, 조력원 여 10시	고용함	
14	7/24	長女 김매기 피용노동 10	수눌음	
15	7/26	文三家에서 200원 入 김맨 품		12번 품삯 2인 200원 받음
16	7/28	피용노동 물닦기	무상	마을 공동일
17	8/1	長女 右贊 작은母田에 김매기	무상	여동생과 남동생이 작은어머니 밭에 가서 김매어 줌
18	8/5	조田 김매기 本人 長女 10시간, 순봉母 퇴품으로	수눌음	7/3일 조밭볼림 밭볼린 말테 값 갚음
19	8/6	本人 김매기 피용노동 할머니 순은값 9시간	수눌음	수눈값 갚음
20	8/7	長女 남의 김매기, 계돈 낼 걸로	수눌음	겟돈 대신 일함

연번	날짜	일기 내용	노동 형태	노동 내용
21	8/9	조밭 발린 품, 김매기, 本人 9시간	수눌음	밭볼린 값 갚음
22	8/12	조밭 발리기 품삯 1인 김매기	수눌음	밭볼린 값 갚음
23	9/8	本人 남의 촐 비기(품 받고)	고용됨	
24	9/22	남이 촐비기	고용됨	
25	9/29	本人 남의 목초 묶으기	고용됨	
26	9/30	本人 남의 목초 묶으기 100원入	고용됨	
27	10/5	동석이 할아버지네 촐 실어주기 9시간	?	
28	10/9	옥생이네 촐 실어주기	고용됨	
29	10/12	玉生이네 牧草 실을 값 100원		28번 품삯
30	10/30	本人 남의 콩 비기	?	
31	12/4	알집 거름 허투기 2인 9시간 200원	고용됨	
32	12/5	새동네 연수네 풀치기	?	
33	2/24	김매기 순음 3명, 집안식구 5명	수눌음	보리밭 김매기 3명 수눌러 옴
34	2/25	김매기 본인 장녀 3인 순으러서 맴	수눌음	3명 수눌러 옴
35	2/26	김매기 2인 그리고 2사람 순으러	수눌음	2명 수눌러 옴
36	2/28	肥料 施肥함 2인 순은값 뭄	수눌음	갚음
37	3/1	남이 김매기 순는값 본인 장녀	수눌음	갚음
38	3/3	순눈값 뭄 2인	수눌음	갚음
39	3/6	순음값 물러 감	수눌음	갚음
40	3/8	장녀 순운값	수눌음	갚음
41	3/9	장녀 순은값	수눌음	갚음

연번	날짜	일기 내용	노동 형태	노동 내용
42	3/10	장녀 순은값 감	수눌음	갚음
43	3/11	장녀 김매기 순은값	수눌음	갚음
44	3/12	김매기 장녀 남이거 순운값	수눌음	갚음
45	3/14	本人 순을기 10시간	수눌음	먼저 일해줌
46	4/2	김매기 본인 장여 10시간, 품앗이 1인	수눌음	1명이 품 갚으러 옴
47	4/3	김매기 2인 10시간, 사장전, 품앗이 30시간	수눌음	3명이 품 갚으러 옴
48	4/4	장남 일하기 10시간 120원	고용됨	
49	4/5	피용노동 남이 검질 순운거 10시간	수눌음	갚음
50	4/6	순을기 장여 10시간	수눌음	먼저 일해줌
51	4/7	순을기 장여 10시간	수눌음	먼저 일해줌
52	4/9	품앗이 3인 거름내기 10시간	수눌음	3명이 품 갚으러 옴
53	4/10	김매기 남이것 2인 11시간	수눌음	갚음
54	4/11	김매기 남이것 2인	수눌음	갚음
		장남 남이 밭때리기 11시간 150원	고용됨	
55	4/12	장여 남이것 11시간	수눌음	갚음
56	4/14	밭갈이 장남 남이것 200원	고용됨	
57	4/15	순을기 본인 11시간 김매기.	수눌음	먼저 일해줌
58	4/16	민철이네 배추 심어주기 장남 11시간	?	

일기에 나타난 노동 형태는 복잡해 보이지만 수눌음은 크게 두 시기로 나누어 이루어지고 있다.

1. 조밭 밟기 수눌음

5~6월까지는 무씨 타작을 수눌어서 몇 차례 하는 정도로 수눌음이 많지는 않다. 7~8월의 수눌음은 조밭 밟기와 연결되어 있다. 조밭을 서로 밟아주어서 김매기로 갚거나, 말테를 빌려 조밭을 밟은 값을 김매기로 물었다. 7월 초에 조밭 밟기를 한 후에 콩밭과 조밭을 부지런히 매어놓고, 8월에 본격적으로 품을 갚으러 나선다. 조밭을 밟는 일이 하루에 많은 노동력이 투여되어 그 갚음은 열흘 정도 계속된다. 이렇게 품을 빌리고 갚는 관계는 마을 전체가 그물망처럼 얽혀 있었을 것이다. 조 농사를 자신의 가족 힘만으로 짓기는 힘들기 때문이다.

2. 보리밭 김매기 수눌음

10월과 12월에 간간이 품삯을 받고 일하는 며칠 외에는 겨울 동안 품앗이와 품삯노동은 멈춰진다. 그러다 2월 말이 되면 다시 대대적인 수눌음이 시작된다. 이때는 거의 김매기로만 노동이 교환된다. 가을에 파종한 보리밭에 봄 냄새를 맡은 잡초들이 우후죽순 올라오기 시작하니 오직 김매기에 전력을 기울여야 할 때인 것이다. 보리밭 김매기 수눌음의 행진은 4월까지 계속된다. 고병문이 남의 밭의 흙을 깨주거나 밭을 갈아주기도 했지만 이 일은 돈으로 품삯을 받았다.

3. 제주도식 품앗이인 '수눌음'이란 무엇일까?

'수눌다'란 동사는 '수'와 '눌다'가 합쳐진 말이 아닐까 싶다. '수(手)'는 '손'을, '눌다'는 '가리다'의 제주말로 단으로 쌓아 더미를 짓는 것이다. 풀어 쓴다면 '여러 사람이 일손을 보탠다'는 뜻이 되겠다.

육지에서는 마을마다 '두레'를 결성해 의무적으로 가입해 함께 모내기와 추수를 했다. 마을공동체 전체가 벼농사를 하고 있기 때문에 가능한 노동 형태다. 하지만 제주에서는 밭농사 위주로 소규모 노동이 대부분이었기 때문에 친한 이웃 중심으로 필요에 따라 수눌음이 이루어졌다. 60년대에 들어서 밭갈이는 현금으로 지불되고 있으나, 전통적으로 하루 밭갈이는 밭 크기에 따라 3~5일치의 노동으로 갚았다. 수눌음은 대부분 여성들 사이에서 이루어졌는데, 조밭 밟기-김매기, 김매기-김매기 두 방식으로 노동교환이 이루어지고 있다.

수눌음을 할 때에는 일을 잘하는 사람과 서툰 사람의 차이를 두지 않고 모두 1:1로 교환했다. 대체로 노동력의 수준이 비슷한 사람들끼리 수눌음이 이루어졌지만, 서툰 사람을 걱정해 일부러 일 못하는 사람을 불러 수눌곤 했다는 선흘 어르신도 있었다. 그렇다고 해도, 일을 빌리고 갚는 것은 매우 철저했던 것으로 보인다. 빌린 품은 반드시 갚았다. 생산력이 낮았던 농경시대에 노동을 맞바꾸며 부족한 노동력을 채우고 노동의 효율을 높이는 지혜라 할 만하다.

제주도의
길

　길은 시대와 가치에 따라 그 모양과 방향을 바꾸게 된다. 제주도의 길 또한 제주 역사의 굴곡을 따라 그 변화를 보여준다. 일기에 계속해서 등장하는 '길닦기'는 좁은 마을길을 넓히는 마을 공동작업이었다. 집집마다 담을 물려 땅을 조금씩 내놓아 차가 다닐 수 있게 넓히고 시멘트로 포장하는 일이 마을마다 벌어지고 있었다.

　일제강점기 이전까지 제주도의 길은 제주목성(구 제주시내)에서 정의현성(서귀포시 성읍1리)과 대정현성(서귀포시 대정읍 인성리)을 연결하는 관로(官路)가 중심이었다. 대동여지도에 이 길이 잘 나타나 있다. 바닷가 마을을 잇는 길이 있었으나 오늘날과 같은 해안도로는 아니었다. 농업 중심의 사회에서 길은 내륙으로 발달해 있고 제주목과 큰 포구가 연결되는 구조였다. 이 길로 한양에서 온 관리가 오고 육지로 보낼 말들이 갔다. 일반 백성들은 마을을 벗어나 먼 길을 갈 일이 거의 없는 사회였다.

　일제강점기 초기, 1912년에 일제는 주민들을 동원해 해안일주도로를 닦기 시작해 1918년에 완공했다. 더 많은 포구가 개발되고 오사카를 잇는 여객선이 제

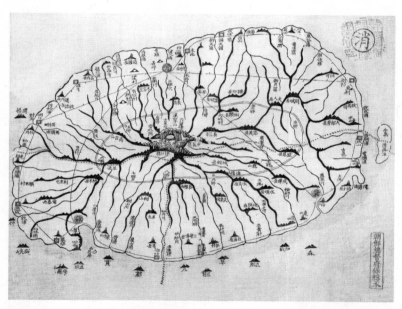

대동여지도(1861, 김정호). 한라산 위쪽의 제주목성(동그라미)과 동남쪽 정의현성, 서남쪽 대정현성을 잇는 선이 관로를 나타내고 있다.

1960년대의 일주도로 포장사업 모습 하도리~종달리 구간 ⓒ 제주특별자치도, 공공누리

1970년대 외도동의 마을 안길 정비 ⓒ 제주특별자치도, 공공누리

주도를 한 바퀴 돌며 제주도와 일본을 직통으로 연결했다. 일주도로로 일본 군인과 경찰이 들어오고, 일본의 신문물이 들어오고, 제주도의 물자가 일본으로 실려나가고, 사람이 실려나갔다. 일제강점기 동안 일본으로 건너간 제주 사람은 제주도 인구의 1/4에 이르렀다. 해녀나 학생도 있었지만 대부분 공장노동자로 일했다. 해안마을이 자동차로 연결되고 개발되면서 경제의 중심지는 곧바로 바뀌게 되었다. 주요 해안마을에 오일장이 서고 농사 중심의 물물교환 세계는 화폐 세계로 서서히 전환되었다.

해방 후 제주도는 4·3사건과 6·25전쟁이라는 고통의 시간을 지나 개발시대의 시작, 1960년대를 맞이한다. 개발은 길닦기로부터 시작되었다. 제주도뿐만 아니라 전국 방방곡곡 온 나라가 길을 닦았다. 고병문의 일기에 나오는 선흘리의 길닦이는 그 시대의 한 장면이다.

일어서는

봄

청보리 넘실대는
봄이 다시 왔다.
키가 커진 보리와 유채가 빽빽해도
그 사이로 머리를 내미는
잡초를 뽑아내며 마지막 김매기가 한창이다.
겨우내 마른 풀만 씹었던 소들도 들판에 나와
싱싱한 봄풀로 배를 채운다.
비가 한 번 내릴 때마다
고사리는 기지개 펴듯 쑤욱쑤욱 올라오고,
부지런히 고사리를 꺾어 팔면
보리 수확할 때까지는 견딜 만할 것이다.
지난 가을 베어두었던
띠를 엮어 초가 지붕을 새로 인다.
겨울 동안 딱딱하게 굳은 밭을 뒤집고
곰방메로 두드려
흙덩이를 풀어주며 봄농사를 준비한다.
다시 시작이다!

© 이혜영

1965년

4월

4/1 목요일 |맑음|

김매기 본인 장여 3시간[252], 고구마 냉상.[253]

비료 2ℓ, 석유 33원

4/2 금요일 |맑음|

김매기 본인 장여 10시간, 품앗이 1인

4/3 토요일 |맑음|

김매기 2인 10시간, 사장전, 품앗이 30시간[254]

친목회 3월분 회비 50원

4/4 일요일 |맑음|

장남 일하기 10시간 120원[255]

친목회 부주 20원

4/5 월요일 |맑음|

산담하는 데 장남 7시간[256]

피용노동 남이 검질 순운거 10시간[257]

본인 유채 김매기 5시간

4/6 화요일 |맑음|

순을기 장여 10시간, 本人 유채 김매기 8시간

252 어머니와 여동생이 보리밭의 김을 맸다.

253 고구마를 심었다. 냉상재배는 노지에서 재배하는 것이고, 온
상재배는 비닐하우스 안에서 보일러 등으로 온도를 높여 재
배하는 것이다.

254 보리밭에 어머니와 여동생, 품앗이 온 한 사람이 10시간, 총
30시간을 일했다.

255 고병문이 이웃집에서 일하고 품삯을 받았다.

256 고병문이 무덤을 두르는 담인 '산담'을 쌓았다. 집안의 것을
했는지, 이웃을 도왔는지 정확하지 않다.

257 이웃이 수눌어 일해준 것을 갚으러 가서 일했다. 누가 갔는지
나오지 않는데, 여동생인 것 같다.

장남 가로수 심기**258**

4/7 수요일 |맑음|
순을기 장여 10시간, 본인 유채 김매기 10시간
닭 잃어버림 400원**259**

4/8 목요일 |비|
놀기

4/9 금요일 |맑음|
김매기 본인 장여 10시간 유채
품앗이 3인 거름내기 10시간**260**

4/10 토요일 |흐림|
김매기 남이것 2인 11시간**261**

4/11 일요일 |맑음|
김매기 남이것 2인
장남 남이 밭때리기 11시간 150원**262**, 1인 사끼 먹기 80원.
본인 계돈으로 300원

258 마을 공동작업으로 고병문이 나가 마을길에 벚나무를 심었다. 마을길을 넓히며 있던 나무들을 뽑게 되어 새로 심었다.

259 닭을 잃어버렸는데 400원이 왜 들었는지는 모른다.

260 수눌음으로 3명의 이웃이 와서 도와주었다.

261 어머니와 여동생이 이웃집에 수눌어 김을 맸다.

262 고병문이 이웃집 밭에 가서 흙덩어리를 두드려 풀어주고 150원을 받았다. 땅이 풀려 밭을 갈아놓아도 겨울 동안 딱딱해진 흙은 덩어리져 있어서 이것을 깨주어야 했다. 이런 흙덩어리를 '벙뎅이'라고 하고 벙뎅이를 부수는 일을 '밭때린다'고 한다. '쇠시렁'(쇠스랑)이나 커다란 나무망치 모양의 '곰베'(곰방메)로 흙덩이를 부수는데, 체력이 많이 쓰이는 일이다 보니 네 끼를 먹으며 일했다고 한다.

쇠스랑.
봄에 갈아놓은 밭에
일어난 단단한 흙덩
어리를 깨는 데 썼다.
ⓒ 고광민

4/12 월요일 |맑음|

장여 남이것 11시간, 본인 유채전 김매기.
나는 놀았다.

4/13 화요일 |비|

리발비 장남 20원

4/14 수요일 |맑음|

밭갈이 장남 남이것 200원[263]

4/15 목요일 |맑음|

三男 주사 두 대, 장여 주사
순을기 본인 11시간 김매기

4/16 금요일 |맑음|

민철이네 배추 심어주기 장남 11시간
김매기 2인 8시간 이녀
삼남 고무신, 미역, 해어[264]

4/17 토요일 |비|

집 일기 3인 6시간[265]

263 고병문이 소로 이웃집의 밭을 갈아주고 200원을 받았다. 소를 부리며 쟁기를 붙잡고 힘을 써야 하는 밭갈이는 남자의 일이었다. 집에 성인 남자가 없는 집은 이렇게 이웃의 도움을 받아야 했다. 많은 젊은이가 희생당한 4·3이 끝난 뒤에는 남편을 잃고, 아들을 잃은 집이 부지기수였다. 남편을 잃은 '홀어멍'들이 집을 짓고, 밭을 갈고, 지붕을 이는 일을 어린 아이들과 해나갈 수는 없으니 수눌음은 더욱 강화되었을 것이다. 1964년은 4·3이 끝난 지 10년이 지난 때지만 여전히 마을에 성인 남자가 많지 않았다. 4·3의 학살이 극에 달했던 1948~1949년에 8~10살이었던 고병문의 세대는 죽음을 모면했던 세대다. 이제는 20대 중반이 된 청년들이 이웃의 밭갈이를 돕고 있는 것이다. 2024년, 80대 중반이 된 이 세대가 선흘리의 가장 연장자 할아버지들이시다.

264 오일장에 가서 사왔다.

265 드디어 초가집 지붕을 이었다. 어머니와 고병문, 여동생 3명이서 했다. 보통 2~3월에 지붕을 이는데 늦어졌다. 3월 중순에 집줄을 꼬아놓고는 여의치 않았던 모양이다.

4/19 월요일 |맑음|

밭 때리기 장남 150원, 고사리 채집[266], 길 닦기

4/20 화요일 |맑음|

소 주사 놈[267]

4/21 수요일 |맑음|

유채 김매기 본인 11시간, 장여 장남 5시간

4/22 목요일 |비|

제사

4/23 금요일 |흐림|

고사리 채집, 장여 12관, 본인 11관, 2남 3관, 2녀 2관[268]

4/24 토요일 |맑음|

고사리 꺾기 2인[269]

4/25 일요일 |흐린 후 비|

고사리 꺾으기 본인, 장여, 이남, 이녀, 16관 生생[270]

266 올해 첫 고사리 꺾기가 시작되었다. 고병문은 이웃집에 '밭매리러' 가고, 길닦이에는 여동생이 나갔을 것이니, 고사리를 꺾으러 간 것은 어머니일 것이다. 비 온 뒤 고사리가 얼마나 올라왔는지 보려고 혼자 간 모양이다.

267 소들에게 예방주사를 맞혔다.

268 고병문과 5살 막내는 빼고 가족 네 사람이 고사리 꺾기에 나섰다. 9살인 둘째 여동생도 14살인 작은오빠에게 크게 뒤지지 않고 2관이나 했다. 가족들이 모두 28관의 고사리를 꺾었다. 1관은 3.75kg이다.

269 오늘은 어머니와 여동생만 고사리를 꺾었다.

270 가족 4명이 출동해 고사리를 꺾었는데, 오후에 비가 와서 많이 하지는 못했다. '生'은 말리지 않은 생고사리라는 의미다.

4/26 월요일 |비|

본인 약값으로 200원, 주사대금 150원[271], 계 350원

4/27 화요일 |맑음|

소풍가기 장남 사진 5개 約10장[272]

길닦기 장여

4/28 수요일 |흐림|

고사리 캐기 장여

4/29 목요일 |흐림|

놀기, 친목회 회비로 70원

4/30 금요일 |맑음|

밭 때리기 장남 150원, 장여 고사리 작업 3관[273]

271 며칠 전 소 예방접종한 값을 낸 것 같다.

272 고병문이 친구들과 소풍을 갔다. 어디로 갔는지는 기억나지 않는데 오랜만에 차려입고 나가 사진을 찍었다.

273 여동생이 꺾어온 고사리를 삶아 말렸다.

손 없는 날
초가 이기

제주도의 초가는 재료부터도 볏짚이 아니라 '새'(띠)라는 점이 다르지만 그 모양도 육지와는 다르다. 육지의 초가는 대체로 기와지붕처럼 각이 지고 경사가 큰 데 비해 제주도의 초가는 둥그스름하게 각이 없고 낮다. 띠를 덮은 뒤에 새끼줄로 지붕을 동여매며 처마 모양도 다르다. 제주도의 강한 바람을 부드럽게 받아내기 위한 문화적 차이일 것이다.

지붕을 동여매는 새끼줄을 '집줄'이라고 한다. 고병문 가족은 집줄을 3월에 꼬아두었다. 3월에 지붕을 이는 것이 보통이지만 여의치 않아 4월에 이게 되었다. 초가지붕을 아무 날이나 이는 것이 아니고 손이 없는 날 인다. 신들이 집 안, 마당, 올레 등 집 안 곳곳에 깃들어 있기 때문에 신이 놀라거나 화가 나면 안 되니 손이 없는 날을 택하는 것이다.

집줄을 꼬는 것을 '집줄놓는다' 또는 '줄비다'라고 하는데, 한 사람이 앉아서 띠를 이어 뽑아주면 한 사람은 '호렝이'라고 하는 도구에 끼워 빙빙 돌리며 줄을 꼬아 나간다. 이렇게 꼰 줄을 합쳐 '뒤치기'로 다시 꼬아 집줄을 만든다. 보통은 오전에 마을 사람들이 어울려 집줄을 놓고 오후에 지붕을 덮게 된다.

길이가 짧은 띠인 '각단'으로 초벌로 지붕을 덮고 긴 띠로 다시 풍성하게 덮는다. 길고 미끈한 새를 잘 골라서 지붕 맨 위쪽을 덮어 준다. 그래야 빗물도 잘 미끄러져 흐르고 바람이 불어도 지붕과 싸우지 않고 위로 잘 넘어갈 수 있다. 집줄을 묶는 순서와 방향도 규칙이 있는데 지붕에 올라간 대장의 지시대로 아래선 사람들이 줄을 던져주고 받으며 균형을 잡아 묶어 나갔다. 집줄이 바둑판 모양으로 간격이 일정하게 쳐진 초가지붕은 든든하고 예쁘다.

하지만 이것으로 끝나는 것이 아니다. 일주일 정도 지나 풍성한 지붕이 살짝 가라앉아 자리를 잡게 되면 집주인은 묶여 있는 집 줄 한쪽을 풀어서 힘껏 잡아 당겨 한 번 더 단단하게 고정시키고 묶고 남은 줄 끝을 낫으로 정리하여 지붕 이기를 마친다.

1960년대까지도 오름은 방목장이거나 띠밭이었다. 새마을운동이 시작되자 오름에 소나무나 삼나무를 심는 녹화사업이 펼쳐져 띠밭이 사라져갔고, 초가지붕은 양철지붕이나 슬레이트 지붕으로 바뀌어 가니 초가를 일 일도 없어지게 되었다.

ⓒ 고광민

열두 번 사는
고사리

제주도 산간지방에서 고사리는 봄의 전령과 같다. 따뜻하고 습한 기후는 고사리가 자라기에 좋아서 예로부터 제주도 고사리를 최고로 쳤다. 임금님께 진상하는 나물이라고 해서 '궐채(蕨菜)'라고 했다고도 한다. 생물학적으로 고사리의 종류는 12가지 정도 된다고 하지만 제주도 사람들에게 고사리는 '먹는 고사리'와 '못 먹는 고사리', 먹는 고사리도 '곶고사리'와 '벳고사리'로 나뉜다. 곶고사리는 곶자왈 숲에서 자라는 고사리고, 벳고사리는 들판에서 볕을 보고 자라는 고사리다. 할머니들은 곶고사리가 맛있는 고사리라고 한다. 나무그늘 속에서 햇볕을 적당히 받아 더 야무지고 통통하다고 할까.

고병문네 가족들이 고사리 꺾기에 나섰다. 고병문과 5살 막내를 빼고 어머니, 여동생(19살), 남동생(14살), 여동생(9살) 네 사람이 구덕을 등에 지고 새벽부터 선흘곶으로 향한다. 고사리는 밤사이 쑥 올라오기 때문에 아침 일찍 가야 좋은 고사리를 많이 만날 수 있다. 길로만 다니며 고사리를 꺾는 것이 아니라서 고사리를 찾아 덤불 속을 헤치며 기다시피 다니다 보면 옷이나 살이 찢기기도 했다. 고사리는 포자로 번식하니 고사리가 하나 보이면 반드시 그 주변에 고사리들이 있기 마련이다. 그렇게 몸을 낮추고, 눈을 낮추고 고사리를 따라가다 보면 커다란 구덕이 가득 차고 날은 저문다.

4월 23일 일기를 보면, 여동생 12관, 어머니 11관, 14살 남동생 3관, 9살 여동생 2관, 총 28관을 꺾었다. 9살 여자아이도 한 사람 몫을 톡톡히 해냈다. 1관이 3.75kg이니 모두 100kg이 넘는 양이다. 이것을 삶고 널어 말려 장에 지고 나가면 런닝도 되고, 연필도 되고, 생선도 되고, 쌀도 될 것이다. 제주도에는 '고사리는 목숨이 12개'라는 말이 전승된다. 고사리는 꺾었던 자리에서 또 올라오고 또 올라오기를 계속한다는 말이다. 제주도 사람들은 고사리를 닮은 건지도 모르겠다. 고사리처럼 어려운 시절 속에서도 다시 살아나고 다시 살아나 솟아올랐으니 말이다.

ⓒ 이혜영

1964년 ~1965년 농가 경제조사 시약

1964년 5월 1일

~

1965년 4월 30일

고병문 농사 일기 원본

1964. 5. 1.

5月一日 일기 흐림. 金曜日 ^{35°}27°

農事 콩밧다늠. 어랑머슴 자리 9亏 1,230亏

고사리 판두이 270g.

海魚 6亏 ~50. 미역 ~1亏~60g.

조 ~2亏~14원. 消費金.   90
                                       68
                                       60
계토90원. 강어 개란. 6亏.68원   14

1964년 ~ 1965년 농가 경제조사서(일계부)

5月 3日 일기 맑음. 土曜日

5月 4日 " 흐림. 日曜日

5月 4日 " " 月요날

5月 3日 " " 火曜日

本人, 故女 연료하기. 7시

長男 " 걸음내기. 8시

4조 1914 m

家口別表

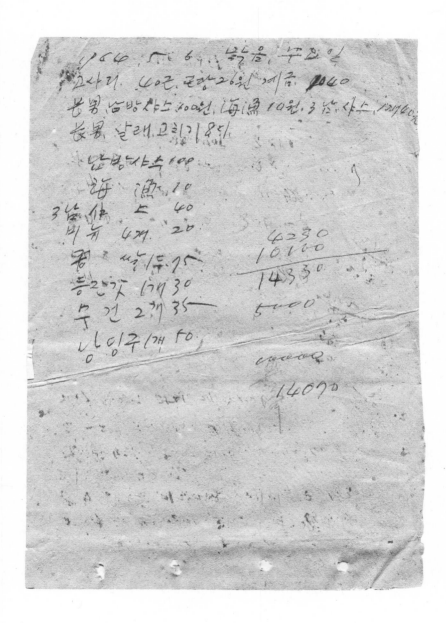

가구員表

가우구관게, 성변, 변형, ~~노동능력~~ 가가영동군사가 다르리갑군사가 실시 일시 군사라 궁레라 일소록 분호 무러리굼

本

1964. 5. 7. 닭음. 목요일.

本人 ~~약북~~ 맥각 : 김매기
長男. 수박 넣기. ㄱ8후
長女. 길 닦기 2~

1966 5. 8. 맑음 금요일.

本人 김매기 6 ~ 백즉   3)380 13
長女 길닦이 8시간: 3 10
長男 枯 갔다온, 리남참, 30   21

1964. 5. 9. 흐람 土曜日 (日)

김매기 — 本人 45
밭꿰라기 — 長女 45
1964. 5. 10.   일요일 ; 비

2555   28 628   1 4
1675   29 650   3 360
6230   30 200   4 275
두   31 280   5 1040
        2555   1675

1964. 5. 11. 맑음 월요일.

도 버리. 방도박. ——— 20원.
히마낭. 가랭. ——— 170 10사
제누 빨래 ——— 10 ''
사 가 링 ——— 10.4   240.
빗 ——— 10

고사리. 8근 ——— 264원

1964. 5. 12. 火曜日. 맑음.

本人
農男 } 산 두린 둘리가 9시간 50束
長女 }

1964. 5. 13. 수요일. 맑음

돈 130원 리사부산. 코무러 구로혹느로.
김매기 산두린. 本人 長男 女 10時旬

1964. 5. 14 목요일. 맑음.
산두린. 둘리가 3.4. 10時旬

1964 . 5 . 15 . 음요 . 晴
오늘은 나은 놀고 、 어머니는, 순둑데 가고 음나을
크오 家에 돌보아 줌.

1964 . 5 . 16 . 토요 . 晴
철이 놀이마 나크다 거기 봤다 북극 8억

1964 . 5 . 17 . 日曜 南
오늘은 네가 외시 아무데도 아나가고 집에서
놀기만 했다.

1964 . 5 . 18 月요 南
오 사비눈.

1964 . 5 . 19 火요 明

1964. 5. 2○. 7(요 흐림.

역할기

─────────────

1964. 5. 2○. 木요일. 흐림.

소보기 나옴. 강여. 오일랑. 추사 풀리기.

400원. 줍나리라 ─ 255g 쌀2되 200

갯 1슈 95 원비랑고 세비누 1개 ─ 20자

미역 아자 25원.

─────────────

1964. 5. 2○. 金 曜日. 흐림.

강여 게른. ─ 그도 정모 벅

역 강기 추사 ─── 7 이름이 등안.

─────────────

1964. 5. 23l. 노요일. 흐림.

○남 100원. 라비 18원. 국배 400원. 점심 ○○원.

보기 비기. 돈인 강여. 강군문카기.

1964. 5. 26. 맑은 흐림

육도 라종 長男 10時頃 終業 끝별교 조升

本人 長女 품앗이 終業 1時頃 十四斗

───────────────

1964. 5. 26. 일요 맑음

육도 라종

보리 1단 식 15斗 겨 공타 品 4승

───────────────

1964. 5. 26. 화요 맑음

사촌댁에 놉꾸리기 2斗5승. 7시간

정맥 교량공동 父 유회 비기 10

本人 수눌기 제초2명

───────────────

1964. 5. 27. 수요. 흐림

육도 밭 받듥기 長男 三男 (6斗지)

보리베기 長女 本人 3斗 四時

───────────────

1964. 5. 28. 목요. 비

소약해32 줄소약으로 100원2승

보리훑으기 本人강에 5 時頃

해각 2시 3時頃 줄출품 330

1964. 2. 29 금오. 맑음.
보리 베기 2. 인. 11뭇식(아)

1966. 3. 39 토요 맑음
소 3뚝 대줌으로 100원 기분
보리비기. 2인 11뭇(아)게 1인. 8뭇식(아)
보리 닦에오기

1966. 5. 31 일비올 맑음.
보리. 비기. 3사 18뭇 묶는기 3석뭇(아)
그 운력의 1인 11. 뭇

1966. 2. 9일 밤. 28 좋음.

천둘에 녀길 거름	이둘에 둘 비료	이둘에 나간 돈	다음둘 로 넘어 갈 돈
2781		2685 사	2161 수

1966. 6. 1. 일 구름. 흐리.
밭에 16. 기. 3세 5 데우 30 30
30
보리 묶은기 3인 6뭇   80   30
80   800

68.   350   보리 술음 86바리 60.8 됫
138.   350
296   550

1964. 6~2 火曜 흐림
후해 3人ㄴ 기미후 성남 2원ㅏ4

1964. 6~3 水曜 한바람
체중ㅎ 바기 3人 8時ㅏ

1964. 6·4 木曜日 맑음
제초ㅏ여 女男 4人 11時예약하기 8時

1964. 6·5 金曜日 맑음
보리 해박ㅏ 4人부ㅏ 時
油菜 해ㅏㄱ 3人 5日時ㅏ

2月

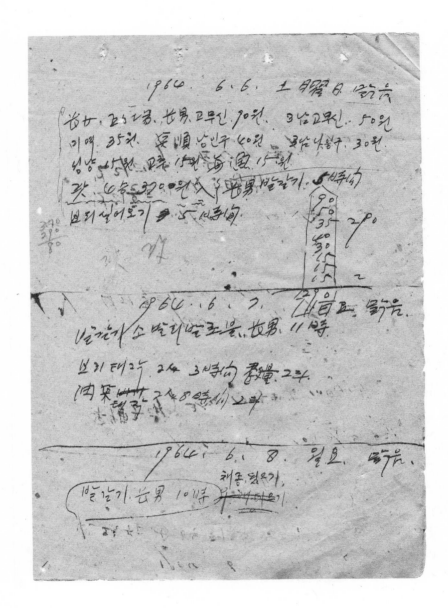

1966. 6. 6. 土 버물 日 흐

남ㅈ. 2.5 드름. 大男 고무신. 70원. 3남 고무신. 50원
미역 35원. 東順 남인구 60원. 5남 비룽구. 30원
심등 45원. 고추 15원 海運 15원

ㅈ ㅅ 6승 320원 ㅈㅓ 大男 밭갈기. 5 버물(ㅅ)

보리 실어오기 ㅈ 5 버물(ㅅ)

90
55
35   2 0
40
2 0
15
15   2

1966. 6. 7. 火 日 흐

밭거에 소 밭리 밭즈늘. 大男. 11 ㅂ룽

보리 태우ㅏ 2ㅅ 3 버물(ㅅ) 중일불. 2ㅅ
西果버 2ㅅ 8익(ㅅ) 2ㅅ

1966. 6. 8. 월요. 흐

채종 힘오가.

밭갈기 눈男 10 ㅂ룽

1964. 6. 9. 火曜 흐림.

나는 工場 출근 ⊙ 하는 해공수업라 독섭 김배경.

최송 개의다.

1964. 6. 10. 水요 흐림.

菜種子 태형 3人. 70마주도 生. 10日중間

1964. 6. 11. 木요 흐림.

남의 홀트가 2人 6시간

1964. 6. 12. 金요 흐림!

남의 홀트가 3人 5時間

남의 태형 2左 4해 흥수 1해 2능.

'64. 6. 13.요. 土曜 흐림.

보리클으기 故묘, 늘 5時에
보리때으후 本4 늘 3 時까

6.27. 묘 3斗

2.8॥
15 2.4॥

'64. 6. '4. 日 曜 l. 맑음.

오늘 3뉴

'64. 6. 月曜日. 맑음.

소묘. 비기 분인 강여 4 斗 해중과 태더기분인 리비
강남 지역원 7

1964. 6. 16 화 맑음.

長男 나잉구. 65. 2 年 못 90원

익초. 20원. 개배추. 15원

갓 3속 서일동   15

1964. 6. 17. 맑음

3온 1야 함은 채종 해역 구리

각 해기 3 부일 33도

1964. 6. 18. 목요. 맑음

떨 체라가 늚녀 5지. 간두기구레 남男 5지

1964. 6. 19. 금요. 비

종아지 불레오기

부러싹 2러. 쌀어달더 쌀이 7등

品. 1부등

1964. 6. 20. 土요. 晴
콩 밧 미쭝 농果 8時 제초작업 농바. 기억
콩 5斗 랏 1슴.

1964. 6. 21. 日曜. 晴

콩 파쭝 農果 8時 제초작업 농바.
산도 넘러가. 30원. 공 5슴

1964. 6. 22. 月曜. 晴
육생 앗內. 콩田 감아 국기 11時
국남 주다. 이거. 100원.

1964. 6. 23. 火曜. 晴
앗內 콩밧 국가 3時
국남 주다 160원

1964. 6. 24. 기○ 曜 ○○

그스 돌리기 (○ ○)

─────────

1964. 6. 25. 木요. 비

조출 해요. 놀았음.
同心觀 日参金 出征費 3○원.

─────────

1964. 6. 26. 金. 雨

오늘은 비는 놀기만 했음.
○○ ○비 ○화 米 肉菜 ○의 ○○○ ○○   5○
○무선 1철해 2合용 5○원 ○주 6○원 ○승   6○○
해여 3개 6○원 RHC 1봉 ○원 모구가루 1홉 5○원   20○
計 2○○원 ○○원 ○   200

─────────

1964. 6. 27. 土요. 흐림

○돌레기 부인강약 ○시

─────────

1964. 6. 28. 日요. 흐림

○라중 3○원 ○

1966. 6. 29 다 음오 흐림.
근래초리밥, 2시 11시
1969 6. 30. 흐림.
메밀 회눈밭한이8 : 2시 3시 : 11떼
선간투 동변근, 21줄.

2원 | 9 40원 | 2 24원 | 35

보리 1000,
지회 300,
배추 50,
마늘 50,
무백 300,
유도 350,

1966. 7. 6 ... ...

... 2... 10시 ...   28...

                    20... 406
                    2... 40.

1964. 7. 2. 목요. 맑음.
... ...   ① 리 / 리

                    ②리

1964. 7. 3. 금요. 맑음.
... 3등 1이... ...   ②리
... ...   20 ...%
                    1... %

1964. 7. 4. 토요. 1...
... ... 2일 ... 시. ...
... ② 리 알 1등 1승 제 6등 푸 1승

1964. 7 5. 일요. 흐림
... 6시 2등 8일   1...
                    10...

... 819

1964. 7. 6 일요 흐림
해충 활발함. 6각 2200가. 品삿이 550원
훈가슬이 200가. 게르 100가. 강남 100개
消毒 1숭에 치다.

長男. 現發費 60 車費 50원 국비 40원 국비 20
고마을 10원 국비 20개 車費 20원
고구마 심기 2人 6시. 옥도정초랍업 2人 5되

1964. 7. 7 火曜日 晴
고여리 옴. 고구마심기 3시간 2人

1964. 7. 8 水曜日 晴
기름 이사구 라인 2人 久三 풀리기 200원 入
위해 라인. 원동조히이 55kg 2100원 全道合 1000원
가머니 50원 사진회비 350원 리세 5원 출라金 600원 又20에사가600원

1964. 7. 8 木曜日 晴
구비호데가 6.68원

軍 運金 60K 참화가리 20개 172원   보나 2되   485
                                            벗 12두   203
計 圓九百卅四支出   728
  728원   피 3승   182
名봉 매 개초함업. 2人 9인간   통 1승   108
모년 죽마느산도 온. 650가 따숨.   172
                                                     356

1964. 7. 10. 金曜日 晴

옥크런에 김매기 2女 10시

1964. 7. 11. 土曜日 晴

陸조田 김매기 2女 9시 한목 리 비로더 ...원

1964. 7. 12. 日曜日 晴

옥크 김매기 2女 10시 長男 5지

1964. 7. 13. 月曜日 晴
文三 김매기 2女 10시 菜種2女 2女 八升
麥4又直入拾㕖

1964. 7. 10. 火曜日. 晴
콩 김매기. 꽃상 10시. 고용인. 10.

1964. 7. 15. 水曜日. 晴
꽃배감. 雲文. 20원. 여름공부 料 式 물. 콩 김매기. 2人
보리쌀. 2斗.
쌀보리쌀. 1斗. 品 1등. 거. 1斗.

1964. 7. 16. 木曜日. 晴
200원씩. 운문쟈衣. 12야. 남男속우. 60원.
가루국대. 2개. 86원. 해여. 30원. 껜. 26원.
콩심 김매기. 2人.

1964. 7. 17. 눈 日曜日. 晴
콩 김매기. 3. 10시.

1964. 7. 18. 土曜日. 소고당
콩 김매기. 3인. 8시.

1964. 7. 19 月曜日. 흐림
父 債 卅 金. 200원과 ... 1斗 60. 제도
80원. 대여. 비. 63만불 4리 3등 運費 100원

1964. 7. 20. 月曜日. 흐림
... 10 ... 감 여기 7시

1964. 7. 21. 火曜日. 흐림
... 조련 / 감 여기 2시 9시
그 2련리2여 부... 8원

1964. 7. 22. 水曜日. 흐림
조 발. 감 여기 3인. 9시
...

1964. 7. 23. 木曜日 晴.
라용노동 2인 콩밭 2인 10시. 고용단 조력원 1어시
라디오 메고. 1000리불.

1964. 7. 24. 金曜日 晴
祭祀. 長女. 검메기 라용노동 10.
田 값 80원 모라시.

1964. 7. 25. 土曜日 晴
사앙밭 매기 2인. 10시. 苗圃 5시간.

1964. 7. 26. 日曜日 晴
앗메기 3인 10시 사앙밭
큰 三家에서 200원 검민쭉
보리쌀 3섬 보리 쌀 1두 콩 1 쌀 수
저 4승

1964. 7. 28. 月曜日. 晴

曜日. 감매기 3년 3시간. 국도연 5원

7시간. 부두 50원.

1964. 7. 28. 火曜日. 雨

2년 2시. 리용노동 등록가.

1964. 7. 29. 水曜日. 病

1864. 7. 30. 木曜日. 雨조금

本ㅅ 감매기 7시 자리(헤어). 300원. 6동부작업

1864. 7. 31. 金曜日. 조금

本ㅅ 감매기. 長女 감매기.

1964. 8. 1.

전달에 넘어온돈	이달에 들어온돈	이달에 나간돈	다음달로 넘어갈돈
35원	1030원	1803원	227원

1864. 8. 1. 土曜日. 흐림.

김매기 초사 9시 농무 김매기 3시.
밭 초찰라단田에 김매기. 병아리.
한마디 대금. 100원.

1864. 8. 2. 日曜日. 태풍비.

보리쌀 740원.

1964. 8. 3. 月曜日 흐림
비슬비 農事 本社 김매기 15마지기

1964. 8. 4 火曜日 흐림
筆寫.
農事 밭데 5지 本里 축구대회기 出전키 위
하여 戶當 보리쌀 1등. (40됭가?)

1964. 8. 5 水曜日 淸
조田 김매기 本社농부 10시간 순봉母 되음
으로 5月달化되고 대음산농으로 두었드것
을 合음 300원.

1964. 8. 6. 木曜日 淸
本社 김매기 최용노동품매 노구값 9식 2근
마루 영기 發界 조양천 7文 農女 모日場 往來
長男 2루산 85전   本社 60 2두 50
農女 60   合쌀 1斗 6원
아나목시 農女 다기 600원

쌀 보리쌀받기 4승 21원.

1964. 8. 1. 金 曜日 晴.

本사 김매기. 녹도 9. 농부. 숨기. 김매기.
메주 벌걸로 마득넝기. 농男 8. 조력인 9.
과낭서. 2승. 12원. 보리받기. 8 이15원
듯 10기. 20원. 루대 흥기. 160원

1964. 8. 8 土 曜日 晴.

메밀. 재료죽업本사 농女 8 시 농男 마득넝기. 조박원
8 時에

1964. 8. 9. 日 曜日. 비 흐림

조밭 밭인품. 김매기. 本사 9 이. 농女 배추
과정따. 에. 농男. 조력인 마우넝기. 8 이.
답 비. 승 6원

1964. 8. 10. 月曜日 晴

本人 농女 콩田 김매기 8시 마루널기 農男 8시
조력인 8시 남배 1갑 6원

1964. 8. 11. 火曜日 晴

마루붉기 農男 조력인 1시 못 ... 기 남배 1갑 6원

1964. 8. 12. 水曜日 晴

조밭 밭리기 콩섯 1반 김매기
農女 김매기 제초 내기
남배 2갑 12원

1964. 8. 13. 木曜日 晴

本村 가서 광삼 데 30원 김매기 本人 農女
同業 콩田에 김매기

1964. 8. 14. 金曜日 晴

農男 아시콩 김매기 고기 ... 으로 하루
메밀 라중김에 제초 ... 本人 農女 8시

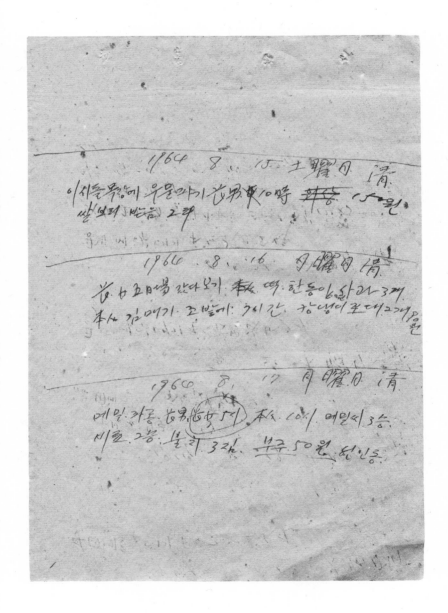

1964. 8. 15 土曜日 淸
이시즌 목장에 우물파기 荒男車 10時 車음 15원.
쌀 보리 밥을 2락.

1966. 8. 16 月曜日 淸
늦 8月생 갈아 보기. 本校 떠. 한동이 6斗 고구마 3개
本校 김메기 고밭에. 3시간 창녕이 포대 2개 8원.

1960. 8. 17 月曜日 淸
메밀 갈등 농약방 5시. 本校 1에 메밀씨 3승.
비료 2등. 불리 3갑. 부근 50원. 헌인등.

1964. 8. 18 火曜日 晴
콩田에 김매기 本人 8 岁男 5시

1964. 8. 19 水曜日 흐림
구비들대로기층 57°
콩田에 김매기 本人 岁男 岁女 8시

1964. 8. 20 木曜日 晴
콩田에 김매기 本人 岁男 民女 9시

1964 8 21 金曜日 晴
콩田에 김매기 本人 岁男 五時
岁女 五時 비누 할사니다 2원 못값 한목 200원
해어로임 1개 五원 천 1약 1골 30원
비누 배우 20원 1가 봉초 2개 12원
제 2승 300원入

1966. 8. 22. 土曜日 흐림.

갈옷 木소 농묘 흥묘 120원. 거름 내기 농묘 3시

1966. 8. 23. 月曜日 비

8.12

1966. 8. 24. 月曜日 흐림.

市에 감. 車費 30원. 劇費 3.0원. 회충약 30가.

원기소. 1병 140가 봉투리 5원 사탕 5가   30
                                                 30
市에 감 車費 10가 劇費 30가 理髮費 30가   30
                                                140
                                                230

市에 외옴. 車費 20가 원기소 140가 봉투리 5가 사탕 5가 60

회충약 30가 그田 김매기 2인 8시간.

느름도 1966. 8. 25 일 火曜 1雇

1964. 8. 26. 水曜日 日氣 清

조田 김매기 本女 長女 8시. 길닥이 比男 8시
, 기름타기 15자 반공근

1964 8. 27. 木曜日 晴 淸

길닥이기 此男 10시. 육돈린김매기 8시7근
등산 가기 끝남 300자

1966. 9. 1. 火曜日 日氣 晴

면료(멸삼) 해오기. 本人 농사. 8시간. 油 淳 다른 받음
350원. 50원리 비료 준것.

1966 9 2 水曜日 日氣 晴

번초하기. 3단 5시
쌀 받기 1되 180円

1966 9 3 木曜日 日氣 晴

길 닥이 男民 8시 本人 일어 연료 비기 6시
1되. 20원.

1966 9 4 金曜日 日氣 晴

길 닥이 男民 8시. 本人 농사. 연료하기 5시

1964. 9. 5 土曜日 日氣 晴.

62년도 種子外上 代로 · 3500원 支出.

채권通信에 8 10.00원 替 国会로 ·

1964. 9. 6. 日曜日 日氣 晴.

검실리어3기 本人 長女 7시.

1964. 9. 7 月曜日 日氣 晴

검실리 7 2기 本人 長女. 6시

1964. 9. 8. 火曜日 日氣 晴

벼추하기 長男. 本人 논의 준비기

長女. 검실비기

1964. 9. 9. 水曜日 日氣 曇 비

추리하기 本人 長男. 7시 大로 산보리 검이스.

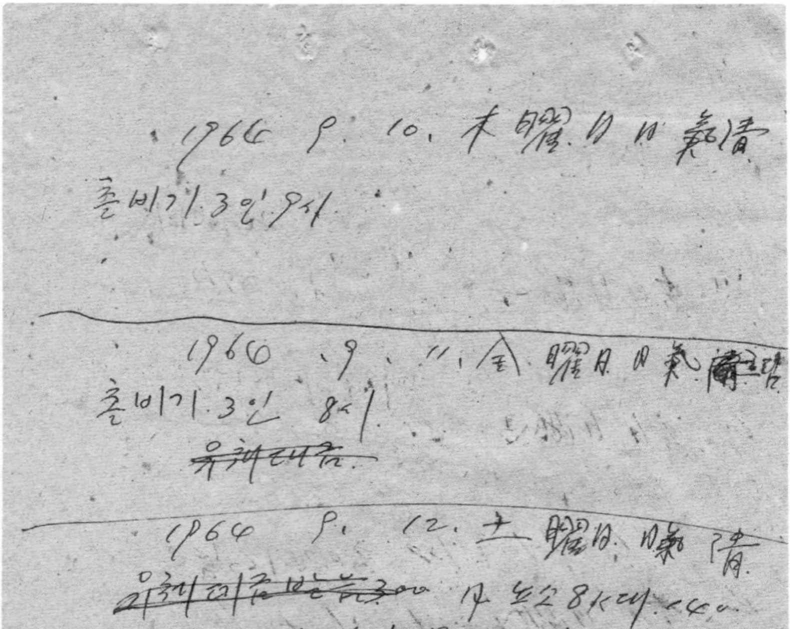

1966. 9. 10. 木曜日 ll 氣 曇

줄비기 3인 9시

1966. 9. 11. (金) 曜日 ll 氣 曇ㅡ담

줄비기 3인 8시

유채대줌

1966. 9. 12. 土曜日. �태 晴

유채 대줌 받듬 300 자 노 28K대 <<0

줄미기 3인 6시. 묶은기 3인 5시 (58a톤)

1966. 9. 13. 月曜日 ll 氣 晴

줄비기 3인 6시. 묶은기 3인 6시

차 게은내기 160자   그묶움

1966. 9. 14. 水曜日 ll 晴 淸

베낸음 줄무기 3인 5시 300톤 줄비기 3인 4시

320

1964. 9. 15. 火曜日 曇晴

출북ㅇ기 개을. 2.00익. 6시 세리 3인 4시

1960. 9. 16. 水曜日 晴清

출북ㅇ기 근눌. 2.00북 2인 상1 출비기 타?
과 之衣 1.00인 변文 6원 쌀 2눙 15원 海이 4.융
쌀 병리 쌀 8능 받아서 3.00원 후라시/빠더1 30원.
비누 10원.

1964. 9. 17. 木曜日 曇三日

之衣 1.00 출북ㅇ기 380묵. 6시 출비기 13시1

1964. 9. 18. 金曜日 曇 비
오 일어가니 힘리나.

1966. 9. 19. 土曜日 曇 비
외리 2기 3건 9二

1964. 9. 20. 日曜日 晴흐림.

午.

1964. 9. 21. 月曜日 晴흐림(木)
촐비기. 3인. 5시
밭 게른네기 100원.
보리 쌀 小라 9라

1966. 9. 22. 火曜日 晴흐림.
날이 촐네기

1964. 9. 23. 水曜日 晴흐림.
崔仙田촐비기. 3인. 5시 묶우기 (비막으것)

1966. 9. 24. 木曜日 晴흐림.
촐묶으기. 2인 5시. 本人 炳男

1964. 9. 25. 金曜日 曉晴

출비기 3인 8시 묽으 50욱

1964. 9. 26. 土曜日 曉晴

졸비기 3인 8시.

1964. 9. 27. 日曜日 雨

소 놀드러간다음 어제리막 갈이 와서 구렁에
나옴 그늘쉴회 20욱

1964. 9. 28. 月曜日 曉雨

午前 갈아니놀다 女 조밭 갔다음 드나(네)

1964. 9. 29. 火曜日 曉晴

묵초 되느기 古男 4시 延迄別会 一人当 50욱
本 4 낫의 묵초 묽으 100여入

1964. 9. 30. 水曜日 曉晴

묵초 묽으기 古男 女 6시
本 4 낫이 묵초 묽으기 100여入 28욱

8°0·4 淸開 2°0·9 農林部에 及納

1964. 10. 1. 木曜日 日氣淸.

1°0·9石 質에게금 迷狗슬으로 놀다.
有름: 소보리 吊捐하러 깨따기, 沙當田 米섬

1964. 10. 2. 金曜日 日氣 淸

2남 보 命水 1°0·4 설겅 10원 제20원

1964. 10. 3. 土曜日 日氣淸.

2섬이 왼다 午3동 松重景호日라 바러 감일베기 2섬

1964. 10. 4. 日曜日 日氣淸.

松草 잇다가 午3동 길이가의 놀다가 아니왯더
감길베기 초초낫가디

1964. 10. 5. 月曜日 晴

동석이 당나귀가 더 출실여주기 9이 100원으로가 져
각세서 贊이 出征한주여 준것

1964. 10. 6. 火曜日 曙 晴

검질이어오 기本6 苗坐 묵으기 本6 苗坐 6. 소랑아보6유름
/수

1964. 10. 7. 水曜日 曙 晴

國總運動會   십글논 녹키 3시

1964. 10. 8. 大曜日 晴 晴主답

방바르기 本6 숙긔 2임 비추기구호름
2남.15임

1964. 10. 9. 金曜日 曙 晴

두성이미출 실어주기 苗男 방바르기

1964. 10. 10. 土曜日 晴 晴

류질하기 苗男 2시. 고구리타다오 기本6 苗6.

1964. 10. 11. 月曜日 日氣. 晴.
흙일하기 농부. 그리고 메사. 위하는 그의반

1964. 10. 12. 月日曜日 日氣. 晴.
감에의 놀다가. …… 도놀 이네 牧草 실을캀 10이가
本사 農事 감을리어오기. 3시

1964. 10. 13. 火曜日 日氣. 晴.
비 외다. 감에 뇌놀기

1964. 10. 14. 水曜日 日氣 흐림.
흙질하기 농부. 本仝 8시~

1964. 10. 15. 木曜日 日氣 흐림.
출실으기 오. 농부 ~3마라 그의묵 나등 1마라 그의묵
회번란 2반~ 그의묵씩. 배급벌레. 한번

1964. 10. 16. 金曜日 가랑비
깨 2다. 원 으무간 농부 원 농부 원
2십 원
牧草 란번실으기 거날. ~ 5·0묵.

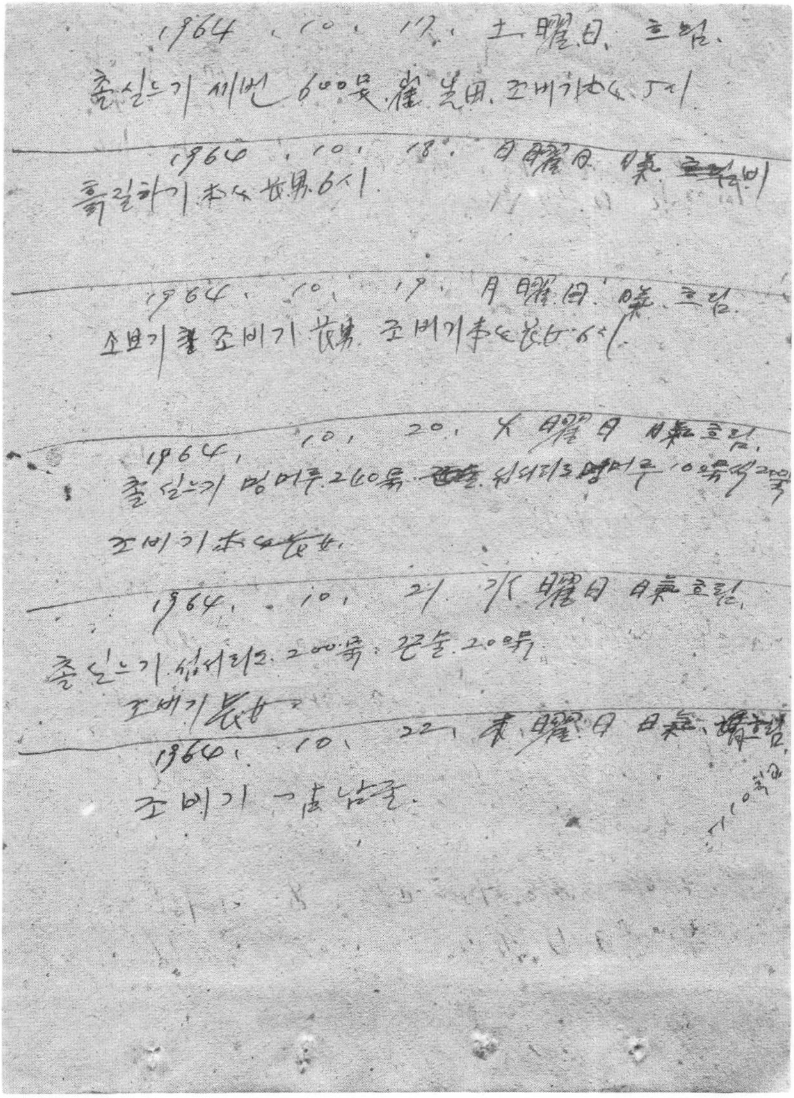

1964. 10. 17. 土曜日. 흐림.
줄 심느기 세번 600묶. 崔 某田. 조비기 本人 5시.

1964. 10. 18. 日曜日. 日氣. 비
흙길하기 本人 長男 6시.

1964. 10. 19. 月曜日. 日氣. 흐림.
소보기 줄 조비기 長男. 조비기 本人 長女 6시.

1964. 10. 20. 火曜日 日氣 흐림.
줄 심느기 멍머루 260묶. 심녀리오 멍머루 10묶씩 200묶
조비기 本人 長女.

1964. 10. 21. 水曜日 日氣 흐림.
줄 심느기. 심녀리오 200묶. 건술 20묶.
조비기 長女

1964. 10. 22. 木曜日 日氣. 흐림.
조비기 一貴 남줄.
10묶

1964. 10. 23. 金曜日 날씨 淸
조비기. 사강밭.

1964. 10. 24. 土曜日 날씨 흐림.
조베기.

1964. 10. 25 日曜日 날씨 淸
오구리탕다오기. 3인

1964. 10. 26. 月曜日 날씨 흐림
고구리타다오기 감 남편밭
사강밭 오구리

1964. 10. 23. 火曜日 날씨 淸
고구리싣어기 사응밭. 3인 조대리

1964. 10. 28. 水曜日 날씨 淸
조밭매작

1964. 10. 27. 火曜日 淸

조대리, 다정暖 2石 10석 7石 남음

二石二

計 8石 ― 9石

1964. 10. 29 水曜日 睛 淸

本女 長女 長女 同業区 事項 기두나오기

1964. 10. 30. 金曜日 睛 淸

콩걸으기 長女 長男 8시 本女 남으콩비기

1964. 10. 31. 土曜日 日氣 淸

콩걸으기 長女 長男 8시 本人 남女 同業 同 대리
기 5시 長男 3시 콩걸으기 지여오기.

1964. 11. 1. 日曜日 日氣 雨

1964. 11. 2. 月曜日 日氣 淸

콩걸으기. 구서물 3인

329

1966. 11. 3. 火曜日. 日氣 흐림.
밭갈이 油菜 3인.

1966. 11. 4. 기曜日. 日氣 흐림.
밭갈이 油菜 희답동산 갓때기 高地 4인리

1966. 11. 5. 木曜日 日氣 흐림 메흐림
용때리아. 學休 도리옥숙. 도렁 5리

1966. 11. 6. 金曜日. 日氣 淸
또미붕 로額 갈기 4인리 그남모리 60원 아말
산가 215. 400
쌀 15원 비누 10, 성냥 15. 고무신 60원 本 6
三男 50원. 2녀인 50원

1966. 11. 7. 土曜日 日氣 흐림.
희릭. 陸稻 베기 從日. 시만차라와코. 1200원
3사원 100원

1966. 11. 8. 日曜日 日氣 剃흙 俊雨
사랑밭. 육도 베기. 누崩. 리발미 30원 放發.

1964 11 9 月曜日 日氣 흐림
메밀 베기 3백시.

1964. 11. 10. 火曜日 日氣 晴
콩때리기 3되. 一사방에 얼음
小 2石.

1964. 11. 11. 水曜日 日氣.
안동네 三寸 宅도 옥도 실어오기. 100묶 새둥어.

1964. 11. 12. 木曜日 日氣 흐림 소나기
앞동네 가서 삼부름.

1964. 11. 13. 金曜日 日氣 흐림 비눈
앞동네 가서 일봄.

1964. 11. 14. 土曜日 日氣 흐림
場事 의대기 크다. V

1964. 11. 15 日曜日 日氣淸
陰 웃돔에오기 5대 市에가기 下조단으기

1964. 11. 16. 月曜日 日氣淸
市에나옴. 거름내기. 6시. ~~~~ 5명 5과

1964. 11. 17 火曜日 日氣淸
거름실으기. (싸생이머들)午後. 三번 ~ 婚부주 50원 亭草

1964. 11. 18 水曜日 日氣淸
거름실으기 3인 8시 日氣淸

1964. 11. 19 木曜日 日氣淸
거름실으기 3인 8시.

1964. 11. 20. 金曜日 日氣淸
거름 실으기 午後 3시. 2여. 5시. 메밀 실어오기 2인.
본인. 새비기. 8시.

1964. 11. 21 土曜日 膝淸
서실어오기 메밀태작 3인. 5시. リト石
3인 6시

1964. 11. 22. 月曜日 日暴 淸
보리과종. 밭갈이 2일놈. 거름허두기 2일.

1964. 11. 23. 月曜日. 日暴 淸
보리과종. 3일. 10시.
조 5되. 2되

1964. 11. 24. 火曜日 바듬 淸
보리 과종. 밭갈이 2일놈. 거름허두기 2일
나머리 는 때밤밭. 보리덮으기 6되 3되

1964. 11. 25. 水曜日 暴 淸
보리과종. 밭갈이 2일놈. 3되. 2되 8되

1964. 11. 26. 木曜日 淸
콩 갈능기 #3되. 曲 25원 남女上衣 360원
멜치 1늠 10원. 소금 25원. 바테리 50원
남女 양말 80원. 광동에 1늠
리듸오 대급으로 600원

687원

1964. 11. 27. 土曜日 晴.
새 비에모기 거술.

1964. 11. 28. 土曜日 日 晴.
놀기.

1964. 11. 29. 日曜日. 흐림.
육도 타락. 3인. 거다. 홀트기

1964. 11. 30. 月曜日. 흐림.

지음까지 나간 콩나르는 11. 104.

전달에너멍어르돈	이달시든어르돈	이달에 나간돈	다음달로 넘어갈돈
21..원	2845		

좁쌀. 32휘란.

334

1964. 12. 1. 火曜日 흐림
조반물. 공간메. 라   14 갈미음촛.   17
農男內底. 200원. 요강. 14.

1964. 12. 2. 水曜日 흐림.
육도 타작. 3인. 5시.

1964. 12. 3. 木曜日 흐림.
맘바루기 農男 5서. 本사농약. 메밀 알내기 5시.

1964. 12. 4. 金曜日 흐림.
알강. 거름러두기. 2인. 9시. 200원.

1964. 12. 5. 土曜日. 清.
새동메 앰메. 쫄리기.

1964. 12. 6. 日曜메 清.
나무들아보기 - 農男 콩란메.

1966. 12. 7. 月曜日. 淸.
모써. 3반 먹느려. 숫곱기. 그가마 100원 入
그습수해요.

병문

1964. 12. 8. 火曜日. 淸.
숫나무 하려 가기. 故男. 10시. 쑥숯 굴리기.

1966. 12. 9. 水曜日. 雨

1964. 12. 10. 木曜日. 흐림.
숫나무 하기 故男. 10시.

1964. 12. 11. 金曜日. 흐림.
숫나무. 꺼우기. 故男. 10시.

1966. 12. 12. 土曜日. 흐림.
숯 굿씨 흙 굴리기. 8시.

1964. 12. 13. 日曜日. 흐림.
숫굿기. 故男. 10시.

1964. 12. 14. 月曜日. 흐림.
숫굿기 故男. 10시.

336

1960. 12. 15. 火曜日 흐림.

1964. 12. 16. 水曜日 淸
숫내오기 3인 오가미

1964. 12. 17. 木曜日 淸 흐림.
논기 모두 방아 16인

1960. 12. 18. 金曜日 흐림.

논기.

1964. 12. 19. 土曜日 淸
흐림음밥 180
160
160 3
620

1964. 12. 20. 日曜日 淸
松宝감. 리발늬 3원 바 10원

1964. 12. 21. 月曜日 淸
松宝식름.
1350
630
720

1964. 12. 22. 火曜日 晴
─ 제사 가주. 술건데. 1가마.

1964. 12. 23. 水曜日 晴
祖 榮祀 멧날. 슝. 좁쌀. 슝. 고구마. 슝.
앙코. 2개. 海魚 5개.

1964. 12. 24. 木曜日 晴
술기.

1964. 12. 25. 金曜日 晴
눈기. 本ㄴ 김승. 덤러기. 식사대접 3인분 ~50.
술금. 1귀.

1964. 12. 26. 土曜日 晴
압동에 물동뜻기. 本ㄴ 新林가음.

1966. 12. 27. 日曜日 晴
누에감. 라비. 모구사탕. 옷. 시계. 하동리 ─

1964. 12. 28. 月曜日 晴
누비이욷.   6─0   9·00
                                    13·50
                                     7·40
                                     6·10
                                     2·00

1964. 12. 29. 4日曜日 맑음.

덕실에서 비누.

1964. 12. 30. 1(⬚⬚)다. 맑음

1964. 12. 31. ⬚다. 1

수비
우비   2 | 7
                    2

2,600   250
200   200
200   100
250   160
900   30
650   B   100
―――   200
5,000   200
                 40
                278
                475
                 63   3
                ――――――
                32.36

                5,006   3236
                3236   1,764
                ――――――   ――――――
                1.764   5,000

                에서 ~ 13 ~ 32A1⅒
                ⅒ 씩 ~ 12 ~ 32A

                5Ah.5.24

1965. 1. 1. 金曜日. 흐림.

1965. 1. 2. 土曜日. 흐림.
린묵회. 공잠대로. 100원 기술. 놀기.
岩妹. 이시들 묵등 인하기.

1965. 1. 3. 日曜日. 맑음.
강여. 계존 100원 기술. 강여 이시들 묵등 인하기.

1965. 1. 4. 月曜日. 日青
묵등 인하기. 강여. 80원.

1965. 1. 5. 火曜日. 晴.
部에 가기. 車賃 20원. 門夜. 100.원. 노트 1. 모드 1. 10원
강여. 묵등일. 80원.
1965. 1. 6. 水曜日. 晴.
이시들 묵등. 강여.

1965. 1. 7. 木曜日. 晴.
이시들 묵등 강여. 강남. 8시. 강여 계존 100원

1965. 1. 8 金曜日 눈

1965. 1. 9. 土曜日 흐림,

1965. 1. 10 日曜日 흐림
답장서 일하기 강에 잡낚 7시.

1965. 1. 11. 月曜日 雪

1965. 1. 12. 火曜日 雪
돼지 값을. 6000원 入.

1965. 1. 13. 水曜日 눈

1965. 1. 14. 木曜日 흐림

1965. 1. 15 金曜日 흐림

1965. 1. 16. 土曜日 흐림.
황약. 점심대접. 중역.

1965. 1. 17. 日曜日 흐림.

1965. 1. 18. 月曜日 흐림.
돼지 새끼 사음. 한마리. 1350원 지출.

1965. 1. 19. 火曜日 흐림.
이시문. 목장. 장남장에 8시. K. 양폭

1965. 1. 20. 水曜日 흐림.
목장일. 장남장에. 8시. 가서.
장남 친목회도 냄. 50원

1965. 1. 21. 木曜日 흐림.
목장일. 장남장에.

1965. 1. 22. 金曜日 흐림.
목장일. 장남. 장에. 계란 3개. (원)

1965. 1. 23일. 土曜日

화비 3시분 50원 국비 40원 졸—식 20원

이× 금묵? 2일 5시 누배

1965. 1. 24

1965. 1. 25

해어 100원어치.

1965. 1. 26

래사.

1865. 1. 27

남애기 20에

1365. 1. 28

목창일...

1865. 1. 29

1965. 1. 30. 金曜日 흐림

1965. 1. 31. 日曜日 晴, 雨

1965. 2. 1. 月曜日 雪
明論

1965. 2. 3. 火曜日 흐림
진동부 종土 明論.

진동부 荒土 세골거름 10원. 水曜日 흐림

1965. 2. 6
荒土에 거름옴 木曜日 흐림

1965. 2. 5
집에서 종홍오와 놀았다 술 먹고 洞가록 흐림

屯에 감 種種 무우금으로 用心 3,80원. 土曜日 흐림
有質이오, 郡廳에 入隊 1개에 까지 回有. 후賞 20전. 국비 60원.
문山금 當論

1965. 2. 7. 日曜日 晴
門中金 총會.

1965. 2. 8. 月曜日 비 손孫 비
春甘서 놀다 屯에 옴. 국비 20원. (스락타카드)

1965. 2. 9. 火曜日 雨
帅에 기옴. 문고리 4개 20원. 草賞 15원.

1965. 2. 10. 水曜日 흐림
2등 밭에 감. 진동무.

1965. 2. 11. 木曜日 청
놀기.

1965. 2. 12. 金曜日 청
놀기.

1965. 2. 13. 土曜日 흐림
이시줄목음에 일함. 응낭람에.

1965. 2. 14. 日曜日 청
이시줄목음에 일함. 응낭람에.

1965. 2. 15. 月曜日 흐림
이시줄목음 일함. 응예흐림.

1965. 2. 16. 火曜日 흐림
응호리에네리에 수망여고 진목리 6간소리낭호 2간 소 5천 500원 라홍. 400개 2리줄민국력로부주

1965. 2. 17. 水曜日 흐림 雨
荣흐리에 민라춤. 정흐이네리에 부주로 20원

1965. 2. 18. 木曜日 晴
응호리아에네리성. 3덕라. 리낭여. 이시줄목음. 일하기
개로은 60개 30원.

1965. 2. 18. 金 요일성. 晴
늘기 木ㅆ 김매기. 리발이. 30원

1965. 2. 20. 土 요일. 雨

1965. 2. 21. 月 曜日.
肥料리. 我 노賃 13. 4 주인 28가 ~ 83 0원
목장일. 강여

1965. 2. 22. 月 曜日. 름
목장일 강녀. 프링 120요. 다근 560.

1965. 2. 23. 火 曜日. 晴
김매기. 강남 목장일. 강여.

1965. 2. 30. 火 曜日.

借用한. 강여. 계문. 1,00요원 김매기.
본인강여. 3인 문으러여. 旧. 목장일 한름.
현름으로 450냥. 가져옴.

1965. 2. 26日 金曜日 흐림
갈매기 2인. 그리고, 2사돈, 두더니 하다
누님에두 못했. 광순市에가. 車費 15원 영화에
20원.

1965. 2. 27. 土曜日 흐림.
보소 25改때. 500원. 자전차 10/. 10원
빵. 10원.

1965. 2. 28. 日曜日. 晴
車費 30원. 肥料. 追肥하다. 2인 습도가늘

이듬들어온돈   나간돈
    1500   30
    1000   70
      30   37
     500   80
   ‾‾‾‾‾   1000
    3030   70
                      920
                      10
                      60
                      45
                      80
                      60   ±
                    ‾‾‾‾‾
                     3830

1965. 3. 1. 月曜日. 晴.
남이 김매기 준다함. 본인 집에 강남 시비함. 8시.

1965. 3. 2. 火曜日. 晴.
김매기 油菜田. 7. 시비함. 우리전에 茂多 5.

1965. 3. 묵. 水曜日. 曇.
국제원 한대서 100원에 순저기주를 2연.

1965. 3. 4. 木曜日. 흐림.
김매기 우리 본인 강에 1. 가시.

1965. 3. 5. 金曜日. 흐림.
놀기.

1965. 3. 6. 土曜日. 晴.
하덕 中學校 未往. 강남. 그남 근육화 85원. 만늠 안물떠감.
10원은 柳호이 에게 강남 다둥놀음 50원.

1965. 3. 7. 日曜日. 흐림.
女. 김매기 와서 본인. 채궁. 2시.

1965. 3. 8. 月曜日 晴

김매기. 본인. 채종 김매기 8 강여 눈둔錢.

1965. 3. 9. 火曜日 晴

김매기 본인. 채종 6시 강여눈둔 7錢.

1965. 3. 10. 水曜日 흐림.

김매기 본인. 2강여 눈둔7錢 감.

1965. 3. 11. 木曜日. 晴

강남 中學校 束徒. 입학금. 이담. 1000원.
흐력초분. 대금. 20원. 3강여 김매기 눈둔錢. 조쳥미
조 120원중반 66폼사. 2장 경2千능 공대분 1능 1.5능 3원.

1965. 3. 12. 金曜日. 晴

김매기 2강여. 납이리 눈둔錢. 본인 맥죽6시
2여. 때더샀 5원대죽. 8。원. 입학금 31원. 이담.

1965. 3. 13. 土曜日. 晴

빨래. 해기. 해7. 5시. 그말리우기 本을 車新 5원
무료 6원. 국강미. 5。원. 삼자. 계들. 100원.

1965. 3. 14. 日曜日. 비흐

강안 치우기 2강밤. 강여 11말리 本샀 눈둔기 10일.

1965. 3. 15. 月曜日. 風雨
長男 정두이 라게크 園으로 市가지 ....

─────────────────

1965. 3. 16. 火曜日. 晴雨
오천구로. 아즈머니 에게 50원다음... 結果木 ... 鄭斗모 60원
내가 동란이 효러들 1동40원 받줌. 車賃 10원 크라가스

─────────────────

1965. 3. 17. 水曜日. 月晴
동란모가 조밥 다吾. 市에 감 라비 동안모. 영. 동안모 얼메리
10원. 받吾. 동안이모. 에게 받는돈이 우등30원. 라비 8원

─────────────────

1965. 3. 18. 木曜日. 晴
거왕 노동에는 우리 집에와 ... 넘어감 여기서 있하나그거
라고, 슨영 70여 찬아 와서 우리 집에 와 면 것도 불안이
라고함. 술에다.

─────────────────

1965. 3. 19. 金曜日. 晴
정두러크 우리 1100원 가면 車賃 26원 국비 20원.
식사대접 받吾. 3때 70전.

─────────────────

1965. 3. 20. 土曜日. 晴
과고다 305원 국비 60. 라비 16. 정등 8. 사랑 10원.

─────────────────

1965. 3. 21. 日曜日. 晴
밀가루 판吾. 本 145일잔吾. 관긴라이여 80,600원
콩란매 80. 270원. 20에 게른 ...원 本 6 2동제 300원

1965. 3. 22. 月曜日. 曙

강낭 묵앙밭흠. 본밭 감매기 10아 강에 길흘기

1965. 3. 23. 火曜日 東

강섬 기트을어3싱 밧슬 벗 본밭제흠. 5.5.5리
X

1965. 3. 24. 水曜日. 曙

제사 강매니. 밧 42.

1965. 3. 25. 木曜日. 晴

감매기 본밭강여 덕옥 아치1간식.

1965. 3. 26 金曜日. 晴

구매랍. 6·00원 아주머니 에게여거 닭매기갑흠.
(금관) 80원. 차비 36. 36남. 30원 本人신을 에씨났.
랏사 밥에갑. 늘 1백 60원.

1965. 3. 27. 土曜日 晴

本人 앙매봇 가을 매밀씨녀 작이. 감매기 자냐
봅녀. 자니.

1965. 3. 28. 日曜日. 晴

1765. 3. 28. 日曜日 晴.

米喜이 연제로 市에감. 138ㅇㅇ 가□□ 가□ 담배 3ㅇㅇ
석사비 35ㅇ원   배가 죽에 5ㅇ원 닭사비 5ㅇ원

(배타 1원. 빵 1ㅇ원차 1ㅇ원. 라비 16원) 게46천
鶏肉. 사도 사망.

1965. 3. 30. 火曜日. 晴.

□에서쥼 (라비 13원 죽베 3ㅇ원.) 밀가□ 그른에 4박
165ㅇ 라비. 29원 랑에. 리부약 45박밀 멸치 8ㅇ

1965. 3. 31. 水曜日. 흐림.

사간은 2739원   늘어믄은 217ㅇ원

1965. 4. 1. 木曜日. 晴.

김매기 본인강에 3시간 2군에 었ㅇ   베롤
28. 석유. 33원.

1765   4. 2. 金曜日. 晴.

김매기 본인강에 김매기 10시간 품앗이 6인.
신원사 바듬. (회퇴 친척에게서. 受)

1765   4. 3. 土曜日 晴.

김매기 2인 10시 다랑걸. 품앗이 3인
린무리 2군일른 라비 5ㅇ원.

1

1965、 4、 4. 日曜日. 晴

長男、 일하기 70시 420 친구의 부주 20원

1965、 4. 5. 月曜日. 晴

산잠 하는데 長男 7시 크리음노동 남이 잠장든

음에 19가 春사 우해 감매기 5지란

1965、 4. 6. 火曜日. 晴

눈기 많여 60시 우해 감매 가츄 8시 長男. 가로수심기

1965、 4. 7. 水曜日. 晴

눈기 長女 10시 우해 감매기 10시 늙읽어버림. 600원

1965、 4. 8. 木曜日. 晴雨、

듬기

1965、 4. 9. 金曜日. 晴

감매기 넌등에 10시 체 듦에 징 감씨기 에

1965、 4. 10. 土曜日. 흐림

김매기 넘이않으인 11시. 듬기

1865. 6. 11 日曜日. 晴.

김 매기. 남이것 2인 김 매기

※用. 남이 밭 메러가. 11시. 밭 15○원 1인 자기 먹기. 80원

本도 개똥으로 3○○원

1865. 6. 12. 月曜日 □□

나는 놀라 한만 남이것 11시. 本으 유채 베기 남이것

160. 3

1865. 6. 13 火曜日 ○ 25 ○

리밭비. 35남. 20원   3○○ ○

40○ ○

1865. 6. 14. 가○□□水 □□.

산너것이 중남남이것. 2○○원.

1865. 6. 15. 木曜日. 晴

놈안논에 추사두어. 3용두어. 문드기 □□□본. 11시. 김 매기 장에 무사.

1865. 6. 16. 金曜日. 晴

언칠이미. 1바추심어. 추가 ※用 11시 김 매기 2인 8시

이○여. □□남. 으무진다. 여역. 허여

1865. 6. 17. 土曜日 1인

김 일기. 3인 6시.

1965. 4. 18 日曜日 10시

1965. 4. 19 月曜日 晴
밤 때리기 長男 50원 ...

1965. 4. 20. 火曜日 晴
소주사 옴

1965. 4. 21. 水曜日 晴
...

1965. 4. 22 木曜日 흐림
...

1965. 4. 23 金曜日 흐림
...

1965. 4. 24 土曜日 晴
...

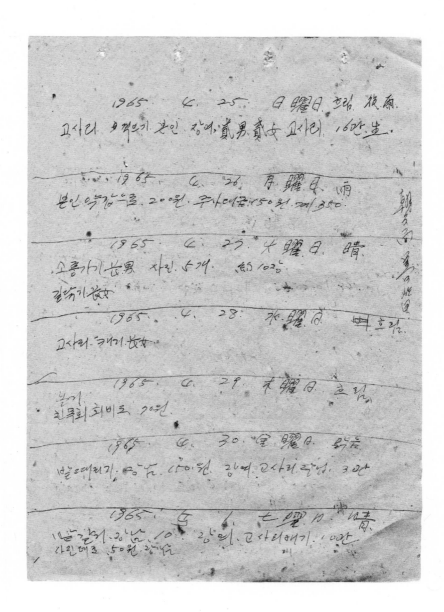

1965. 6. 25 日曜日. 흐림. 後雨.

고사리 오꺽으기 본인 장여. 貳男 貳女 고사리 16만 生.

1965. 6. 26 月曜日 雨

본인 약값으로. 200원. 주사대금 150원. 계 350.

1965. 6. 27 火曜日 晴

소롱가기 長男 자리 5개. 計 102장

길닦기 長女

1965. 6. 28 水曜日 흐림.

고사리 꺽기 長女

1965. 6. 29 木曜日 흐림.

논기

리목회 회비도. 20원.

1965. 6. 30 金曜日 맑음

빨래하기. 영남. 150원. 장여 고사리 작업. 3만

1965. 7. 1 土曜日 맑음. 靑.

1남길히. 20남. 10 장여. 고사리꺽기. 10만

다린데도. 50원. 장남

고병문

1941년 제주시 조천읍 선흘리에서 태어나 평생 선흘에서 농사지으며 살아왔다. 음악과 시 쓰기를 좋아하던 청년으로, 마을 친구들과 연극단을 만들어 배우로 활동하기도 했다. 결혼해 3남 1녀를 얻고, 어느새 다섯 손자손녀의 할아버지가 되었다. 선흘리 '삼춘해설사'로 마을의 역사와 람사르습지인 동백동산의 자연, 4·3의 아픔을 여행자들에게 들려주는 활동도 즐겁게 하고 있다.

이혜영

1972년 부산에서 태어나고 자라나 서울에서 일하다 2011년 제주도에 왔다. 시민단체 녹색연합에서 《작은것이 아름답다》 기자로 일하며 글쓰기를 시작해 자연, 사람, 생태, 평화를 주제로 사회적 활동과 글쓰기를 이어왔다. 우연히 선흘마을에 살게 되었지만 마을 어르신들과 벗이 되어 서로 돌보며 처음으로 몸과 마음이 정착하게 되었다. '마을출판사 먼물깍', '세대를 잇는 기록'을 꾸리며 제주도를 공부하면서 기록해가고 있다.
쓴 책으로 《산골마을 작은학교》(공저, 2003, 소나무), 《갯벌, 무슨 일이 일어나고 있을까》(2004, 사계절), 《희망을 여행하라》(공저, 2008, 소나무), 《인권도 난민도 평화도 환경도 NGO가 달려가 해결해 줄게》(2014, 사계절), 《제주 사람 허계생》(2022, 한그루)이 있다.

한사람 생활사

고병문 농사 일기

2024년 6월 30일 초판 1쇄 발행

지은이 이혜영 **펴낸이** 김영훈 **편집장** 김지희 **디자인** 부건영 **편집부** 이은아, 김영훈
펴낸곳 한그루 **출판등록** 제651-2008-000003호 **주소** 제주특별자치도 제주시 복지로1길 21
전화 064-723-7580 **전송** 064-753-7580 **전자우편** onetreebook@daum.net **누리방** onetreebook.com

ISBN 979-11-6867-172-0 (03380)